Philosophie, Christentum und Gesellschaftskritik
in der DDR

Konrad Feiereis

Philosophie, Christentum und Gesellschaftskritik in der DDR

Herausgegeben von Thomas Brose und Holger Zaborowski

PETER LANG

Bibliografische Information der Deutschen Nationalbibliothek
Die Deutsche Nationalbibliothek verzeichnet diese Publikation in der Deutschen Nationalbibliografie; detaillierte bibliografische Daten sind im Internet über http://dnb.d-nb.de abrufbar.

ISBN 978-3-631-88190-3 (Print)
E-ISBN 978-3-631-88191-0 (E-PDF)
E-ISBN 978-3-631-88192-7 (EPUB)
DOI 10.3726/b19858

Peter Lang – Berlin · Bern · Bruxelles · New York · Oxford · Warszawa · Wien

Diese Publikation wurde begutachtet.

www.peterlang.com

Dieser Band ist der Gemeinde „St. Antonius Gispersleben" gewidmet, der Konrad Feiereis über 40 Jahre eng verbunden war.

Inhalt

Vorwort

Mit dem Philosophisch-Theologischen Studium in Erfurt verfügte die katholische Kirche in Ostdeutschland über die Kapazität, ein reflektiertes Profil auszuprägen und sich offensiv gegen die Musealisierung des Christentums durch den „wissenschaftlichen Atheismus“ zur Wehr zu setzen. Mehr als 2000 Studenten und Studentinnen hörten dort Vorlesungen, über 900 Priester und Ordensleute wurden zwischen 1952 und 1989 auf ihren Dienst vorbereitet. In Gestalt von Konrad Feiereis (1931–2012) begegneten viele dort erstmals einem in der DDR ansonsten selten anzutreffenden Typus: dem des Priesters, Professors und katholischen Intellektuellen.

Dass der junge Erfurter Philosophiedozent (ab 1968) und spätere Lehrstuhlinhaber (1974–1997) – als Nachfolger von Erich Kleineidam – sich neben seinen obligatorischen Vorlesungen immer wieder auf den Weg machte, um mit jungen Leuten, Glaubenden wie Nichtglaubenden, über Philosophie und Gesellschaftskritik zu diskutieren, blieb den Mächtigen der DDR keineswegs verborgen. Deshalb wurde er argwöhnisch von der Staatssicherheit beobachtet und als führender Wissenschaftler der Gegenseite betrachtet. Wenn der Analytiker und Marxismus-Experte in Studentengemeinden und Bildungshäusern Vorträge hielt und zur Diskussion einlud, entstand eine knisternde Atmosphäre: Wo beginnt die Lüge? Was bedeutet Wahrhaftigkeit? Wie ist Friede möglich? Und in welcher Gesellschaft möchten wir leben?

„Am 1. September 1953 überschritt ich zum ersten Mal die Grenze, die beide deutsche Staaten voneinander trennte“, erinnerte sich Feiereis, um fortzufahren: „Ich fand mich am Ende meiner Bahnfahrt unter dem Ortsschild ‚Stalinstadt‘, früher Fürstenberg, wieder, plötzlich hineingeworfen in eine völlig andere Welt." Diese existentielle Erfahrung ließ den Intellektuellen mit den Jahren zum Zeitdiagnostiker reifen, dem, ähnlich wie Romano Guardini, Melancholie und Schwermut keineswegs fremd waren.

Herausragend war die Rolle, die Feiereis als Konsultor des vatikanischen Sekretariats bei den Dialogbemühungen anlässlich des „Internationalen Wissenschaftlichen Kolloquiums" 1986 in Budapest spielte: „Es war", so der Religionsphilosoph, „das größte und bedeutendste Dialogtreffen zwischen Vertretern der katholischen Kirche und des Kommunismus." Mit seinem Vortrag über „Zusammenleben und Kooperation von Christen und Marxisten in der Gesellschaft" sorgte Feiereis danach für Furore.

Unter seiner Federführung konnte sich im Lauf der Zeit eine regelrechte „Erfurter Schule" mit religionsphilosophisch-ideologiekritischem Schwerpunkt entwickeln. Von Studierenden verlangte er dabei, stets auch die „Andern", die Nichtchristen und Atheisten, aber auch Künstlerinnen und Schriftsteller im Blick zu behalten und ihre Standpunkte ernst zu nehmen.

Mit den hier versammelten Texten wollen die Herausgeber aus Anlass seines 10. Todestages an diesen herausragenden katholischen Intellektuellen im Osten Deutschlands erinnern. Thomas Brose stand mit Konrad Feiereis über viele Jahre im Austausch. Bereits 1996 konnte er in dem von ihm in Leipzig herausgegebenen Band *Deutsches Neuland. Beiträge aus Religion und Gesellschaft* den Aufsatz „Schwieriger Übergang. Kirchliche Verkündigung unterwegs zum Menschen" publizieren. Bei persönlichen Begegnungen und im schriftlichen Gespräch ging es beiden darum, dem christlichen Glauben in Ostdeutschland eine unverwechselbare Stimme zu geben. Der Erfurter Hochschullehrer räumte seinem früheren „Spezialstudenten" die Möglichkeit ein, seine Texte zu publizieren. Dieser schmale Band wird durch drei E-Mails von Feiereis an Brose beschlossen.

Die in *Philosophie, Christentum und Gesellschaftskritik in der DDR* enthaltenen Texte werden in der von Konrad Feiereis niedergelegten Fassung wiedergegeben. Druckfehler wurden stillschweigend korrigiert. Anmerkungen in eckigen Klammern stammen von den Herausgebern. Diese danken Herrn Dr. Hermann Ühlein vom Verlag Peter Lang für seine Unterstützung und Eckhard Pohl für seine freundliche Genehmigung, sein Gespräch mit Konrad Feiereis in diesen Band aufzunehmen.

Mit der Veröffentlichung dieses Bandes ist die Einladung verbunden, Konrad Feiereis erneut zu lesen, ihn zu studieren und weiterzudenken.

Berlin / Erfurt,
3. Oktober 2022

Thomas Brose
Holger Zaborowski

Einleitung: Konrad Feiereis (1931–2012)

Philosophie, Christentum und Gesellschaftskritik

Thomas Brose

„Unsere Kirche besitzt nur geringen Lebens- und Entfaltungsraum. Wir stoßen überall an Grenzen. Wir sind selbst oft an der Grenze der eigenen Möglichkeiten und Belastbarkeit. Wir trauen uns dann nichts mehr zu. Wir ziehen uns zurück. Wir sichern den Bestand. Wir verdrängen die wichtigsten Fragen. Wir laufen oft einfach vor Gott und dem Menschen davon."[1] Mit diesen Worten hat Konrad Feiereis 1986 seine Zuhörer bewegt und aufgerüttelt. Er selbst hat als Religionsphilosoph und katholischer Intellektueller großen Anteil daran, dass die katholische Kirche in der DDR ihren Lebens- und Entfaltungsraum erweitern konnte.

Dass Katholische Theologie im Osten Deutschlands ihre Ort- und Kontextlosigkeit überwinden konnte, lässt sich exemplarisch an einem zentralen Punkt zeigen: dem Dresdner Katholikentreffen. Für viele der fast 100.000 Teilnehmer, die vom 10.–12.07.1987 in die sozialistische Großstadt gereist und gepilgert waren, wurde diese Zusammenkunft zu einem aufrüttelnden, unvergesslichen Ereignis. Es kulminierte in einem Wort, das der damalige Berliner Kardinal Joachim Meisner seinen Zuhörern beim zentralen Festgottesdienst auf den Elbwiesen zurief: „Die Christen in unserm Land möchten ihre Begabungen

1 Konrad Feiereis, „Glauben zwischen Resignation und Hoffnung – eine Besinnung auf unser Christsein hier und heute. Eröffnungsreferat zum Fundamentaltheologischen Kongreß in Berlin am 30.6.1986", Manuskript, 17.

und Fähigkeiten in unsere Gesellschaft einbringen, ohne dabei einem andren Stern folgen zu sollen als dem von Bethlehem."

Der langjährige Erfurter Ordinarius für Philosophie hat 2012 dazu eine aufschlussreiche Anmerkung gemacht: „Kardinal Meisner, mit welchem ich einen größeren Disput hatte, der aber fair beigelegt wurde, zog mich heran zu einem wichtigen Dienst anlässlich des Katholikentreffens in Dresden am 12. Juli 1987. Dort sprach er auch das Wort, das in die Geschichte eingegangen ist."[2] In diesem letzten Aufsatz aus seiner Feder, der als Schlüsseltext gelesen werden kann, gibt Feiereis zu erkennen, worin er selbst seine Lebensaufgabe sah: Dem Glauben eine Stimme zu geben – um der Menschen willen. Die Rede vom christlichen Leitstern ist damit auch als ein Wort und Vermächtnis von Konrad Feiereis anzusehen.

Worum es sich bei dem von dem Gelehrten ausdrücklich erwähnten „großen Disput" gehandelt hat, wird deutlich, wenn man den unter IV. dokumentierten Brief von Feiereis an Kardinal Meisner liest.

1. Katholischer Intellektueller mit umfassendem Bildungsauftrag

Dass der junge Philosophiedozent und spätere Professor am Philosophisch-Theologischen Studium sich nicht darauf beschränkte, eine überschaubare Zahl von Theologiestudenten philosophisch zu schulen, sondern sich immer wieder auf den Weg durch die DDR machte, um über die Nachbarschaft zwischen Glaubenden und Nichtglaubenden zu diskutieren, konnte

2 Konrad Feiereis, „Vertrauen: Fundament der Beziehungen zwischen Bischöfen und Theologen", in: Benedikt Kranemann/Maria Widl (Hg.), *Der österliche Mehrwert im Blick*, Würzburg 2012, 48.

den Weltanschauungsstrategen des atheistischen Obrigkeitsstaates auf Dauer nicht verborgen bleiben.

Es waren vor allem die Zweifel, Probleme und existentiellen Ängste von Jugendlichen und Studierenden innerhalb der Weltanschauungsdiktatur, die den Marxismus-Leninismus-Experten nicht zur Ruhe kommen ließen. Sie hinderten ihn daran, eine beschauliche akademische Existenz zu wählen und sich wissenschaftlich im Aufklärungszeitalter einzurichten. Meriten hatte sich nämlich bereits der junge Forscher mit einer Recherche erworben, die ins Herz religionsphilosophischen Denkens vordrang und mit einer bis dahin unbekannten Genauigkeit neue Quellen zur Aufklärung erschloss: *Die Umprägung der natürlichen Theologie in Religionsphilosophie* (Leipzig 1965) lautete der Titel seiner ausgezeichneten Dissertation. „Bei aller erfolgreichen Forschertätigkeit“, formulieren Emerich Coreth, Wilhelm Ernst und Eberhard Tiefensee als Herausgeber der *Festschrift Von Gott reden in säkularer Gesellschaft* zum 65. Geburtstag des Hochschullehrers deshalb treffend, habe sich Feiereis „nicht auf den sicheren wissenschaftlichen Binnenraum zurückgezogen, sondern die Herausforderung der nichtchristlichen Umgebung angenommen. Impulse aus dem von ihm vertretenen Fachbereich wurden von staatlicher Seite besonders gefürchtet.“[3]

Mit dem Erfurter Philosophisch-Theologischen Studium verfügte die Katholische Kirche in Ostdeutschland über die intellektuelle Kapazität, ein eigenständiges Profil auszuprägen und offensiv gegen die Musealisierung des Christentums durch den „wissenschaftlichen Atheismus“ vorzugehen. Mehr als 2000 Studenten und Studentinnen hörten dort zu DDR-Zeiten Vorlesungen, über 900 Priester und Ordensleute wurden auf ihren

3 Emerich Coreth/Wilhelm Ernst/Eberhard Tiefensee (Hg.), *Von Gott reden in säkularer Gesellschaft. Festschrift für Konrad Feiereis zum 65. Geburtstag* (*EThSt* 71), Leipzig 1996, „Vorwort“, 9.

Dienst vorbereitet. In Gestalt von Konrad Feiereis begegneten viele dort erstmals einem zwischen Werra und Oder nur selten anzutreffenden Typus: dem des katholischen Intellektuellen. Dass in der Begegnung mit dem sensiblen Zeitdiagnostiker Wichtiges geschieht, haben auch Nichtchristen gespürt und deshalb nach Gelegenheiten gesucht, mit ihm ins Gespräch zu kommen.

In ihrer Besonderheit ist die Person des Priesters, Professors und Zeitgenossen im Widerspruch gegen die zweite deutsche Diktatur, bei dem sich Zweifelnde Rat und Beistand holten, mit einer Gestalt wie Josef Tischner in Polen zu vergleichen: Intellektuelle Neugierde, Reflexionsfähigkeit und das Risiko, sich ein eigenes Urteil auf christlicher Grundlage zu bilden – das mutete Feiereis seinen Studierenden zu.

Der christliche Philosoph verfügte über eine besondere Gabe: Selbst im verhärteten Ideologen und kämpferischen Atheisten konnte er den gleichfalls suchenden Anderen, Nachbarn und Dialogpartner erkennen – und dabei entwickelte er in der Endphase des Obrigkeitsstaates besondere hermeneutische Fähigkeiten. Sich auf den Atheismus einlassen, ihn „also nicht bekämpfen, könnte konkret bedeuten: mehr als bisher diesen Kontakt mit den Nichtglaubenden suchen. Wer ist denn mehr enttäuscht von der real existierenden Gegenwart, wer hoffnungsloser im Blick auf die Zukunft?“, fragte Feiereis im Mai 1983 in dem vielfach abgeschriebenen Vortrag „Vom Weg unserer Kirche“ im Bischöflichen Amt Schwerin. In extremer Diasporasituation erklärte er hoffungsvoll: „Noch nie gab es in den letzten Jahrzehnten so viele Suchende bei den modernen Heiden wie heute. Indizien dafür sind Taufen Jugendlicher, die Herkunft von Theologen (Theologiestudenten) aus teilweise ganz oder halbheidnischen Familien, die überfüllten Jugendveranstaltungen, bei denen es um Glaubens- und Lebensfragen geht. Diese

Hinwendung zur Kirche – fragend, zögernd, erwartungsvoll – stellt eine Herausforderung an uns da."[4]

Wer Mitte der achtziger Jahre das Glück hatte, die überfüllten Seminare des Religionsphilosophen zu besuchen oder als „Verstärkung" auf seine Reisen mitgenommen zu werden, konnte die Methode „Feiereis" im lebendigen Vollzug erleben: Philosophische Systeme wurden von ihm in Metaphern verwandelt, langatmige Zitate aus hochideologischen Lehrbüchern sowie Texte zeitgenössischer Autorinnen und Schriftsteller souverän in Beziehung gesetzt und plötzlich in ihrer seismographischen Bedeutung zum Sprechen gebracht. Es gelang dem hermeneutisch arbeitenden Denker dabei, hinter einzelnen Episoden und Ereignissen die Anatomie des vormundschaftlichen Staates freizulegen: „Ich verweise auf Schriftsteller bei uns. Hier vollzieht sich eine bemerkenswerte Hinwendung zur Sinnfrage, verbunden mit unverhüllter Kritik der real existierenden Gesellschaft [...] Die Sinnfragen, wer soll sie beantworten? Erkennen wir den Kairos?"[5]

2. Dem Lebensthema auf der Spur: Von Gott reden in säkularer Gesellschaft

„Am 1. September 1953 überschritt ich zum ersten Mal die Grenze, die beide deutsche Staaten voneinander trennte", so erinnert sich Feiereis rückblickend. „Ich fand mich am Ende meiner Bahnfahrt unter dem Ortsschild ‚Stalinstadt', früher Fürstenberg, wieder, plötzlich hineingeworfen in eine völlig andere Welt, der größte Umbruch in meinem Leben nach der Flucht aus Schlesien."[6] Was Feiereis prägnant als Erfahrung des

4 Martin Höllen, *Loyale Distanz?*, Bd. 3/2: *1977–1990*, Berlin 2000, 92.

5 M. Höllen, *Loyale Distanz?*, Bd. 3/2: *1977–1990* (Anm. 4), 92.

6 K. Feiereis, „Vertrauen" (Anm. 2), 40.

„Hineingeworfenseins“ in eine vielfach geteilte weltanschaulich-religiöse und politische Wirklichkeit beschreibt, wurde für ihn zu einer Art *cantus firmus* seiner Existenz als Priester, Philosoph und Gesellschaftskritiker: sich nicht von einer ideologischen Monopolstellung einschüchtern zu lassen und von Gott in einer hochgradig säkularisierten Gesellschaft zu sprechen.

Bereits Mitte der 1960er Jahre erhielt der junge Wissenschaftler neben seelsorglichen Aufgaben den Auftrag, im Jurisdiktionsbezirk Görlitz Verantwortung für die Bildungsarbeit in der Diaspora zu übernehmen. Die daraus folgenden Begegnungen wurden für ihn lebensprägend; sie offenbarten sein Talent, treffend und glaubwürdig über das Christentum zu sprechen. Deshalb empfand noch der Ordinarius für Philosophie die besondere Verpflichtung, das monolithische Weltbild des SED-Staates in Frage zu stellen und vor allem junge Leute in Landschaften der Lüge zu wahrhaftiger Existenz zu ermutigen.

Zu den Erinnerungen an seine Zeit in der Nähe der deutsch-polnischen Grenze gehörten für den Seelsorger auch „Abende oder Nächte“, in denen plötzlich polnische Flüchtlinge vor der Tür standen. „Sie waren durch die nahe gelegene Neiße geschwommen und baten um Hilfe, um Westberlin erreichen zu können. War der betreffende Flüchtling glaubwürdig, handelte es sich vielleicht um eine Falle? Wir Kapläne haben in etwa fünf Fällen geholfen und waren glücklich, wenn eine Karte mit unverfänglichem Text aus Westberlin das Gelingen der Flucht bestätigte.“[7]

Auch aufgrund solcher Erfahrungen war Feiereis davon überzeugt: Christliches Philosophieren könne nicht extrinsisch bei einem dekretierten Gehorsams- oder Autoritätsglauben ansetzen. Offenbarung, verstanden als religiöse Fremdbestimmung,

7 K. Feiereis, „Vertrauen“ (Anm. 2), 41.

erschien ihm als Zumutung für die menschliche Freiheitsnatur. Nach dem Verständnis des Religionsphilosophen erweise sich der Gott Jesu Christi vielmehr als einer, der dem von ihm angesprochenen Menschen das Entscheidend-Wichtige mitzuteilen habe: nämlich sich selbst. Das christliche Menschenbild, so seine Grundüberzeugung, verhelfe gerade unter diktatorischen Vorzeichen dazu, humanen Defiziten auf die Spur zu kommen und die eigene Identität trotz autoritärer Bestrebungen vielfältig auszuprägen.

Nicht zufällig hat der Hochschullehrer, der auch Vorsitzender der Arbeitsgemeinschaft deutschsprachiger Philosophiedozentinnen und -dozenten im Studium der katholischen Theologie war, seinen Vortrag bei dem bedeutenden Budapester Dialogtreffen zwischen Christen und Marxisten vom 8.-10. Oktober 1986 mit einer sprechenden Erinnerung begonnen.

„Karl Rahner hat hier in Budapest von einem ‚realen Humanismus' gesprochen, dessen Merkmale er wie folgt charakterisierte:

- der Mensch ist ein freies, verantwortliches Subjekt
- jeder Mensch muß dem anderen einen Freiheitsraum zugestehen, ohne diesen schon selber vorausbestimmt zu haben
- Toleranz ist grundlegende Regel und Verpflichtung
- das offene Gespräch zwingt dem Partner nicht den eigenen Willen auf
- Macht ist nicht immer identisch mit Recht
- Recht muß auch dann gelten und respektiert werden, wenn es sich nicht mit Macht durchsetzen kann."[8]

---

8 Konrad Feiereis, „Zusammenleben und Kooperation von Christen und Marxisten in der Gesellschaft", in: *Unter kommunistischer Zensur. Theologisches Jahrbuch 1991*, Leipzig 1992, 357–371, 357.

3. Kirche in Gesellschaft: Zur Relevanz des Glaubens

Herausragend war die Rolle, die Feiereis als Konsultor des vatikanischen Sekretariats bei den neuen Dialogbemühungen anlässlich eines „Internationalen Wissenschaftlichen Kolloquiums" in der ungarischen Hauptstadt spielte: „Von katholischer Seite", so der Erfurter Experte über das langwierig vorbereitete Spitzentreffen von 1986, „nahmen teil die Kardinäle König und Poupard (als neuer Präsident) und Theologen aus acht europäischen Ländern. Die marxistische Seite hatte Vertreter aus neun europäischen Ländern und Kuba delegiert. Es ist als das größte und bedeutendste Dialogtreffen zwischen Vertretern der katholischen Kirche und des Kommunismus in die Geschichte eingegangen."

Es war Feiereis' Vortrag über „Zusammenleben und Kooperation von Christen und Marxisten in der Gesellschaft", der alsbald in der DDR für Furore sorgte – nicht bloß in Parteikreisen, sondern auch bei kirchenpolitischen Verhandlungsführern, die auf keinen Fall das gut eingespielte Miteinander von Staat und Kirche gefährdet sehen wollten. „Die Christen", so dagegen der systemkritische Religionsphilosoph, „spürten, dass die alten Verhältnisse in der Gesellschaft keine Zukunft mehr besaßen. Sie schöpften z. T. Hoffnung, dass ihre Situation sich im Alltag verbessern konnte und auch musste."[9]

Die Veröffentlichung des bedeutenden Vortrags im Rahmen des *Theologischen Jahrbuchs* 1989 wurde dann auch aus kirchenpolitischem Kalkül mit der Begründung abgelehnt, die Zeit sei noch nicht reif dafür. „Mir persönlich bleibt schmerzhaft in Erinnerung, dass einige meiner Publikationen, die bereits im Westen Deutschlands (*Herder-Korrespondenz*) [...] erschienen waren (darunter u. a. mein Budapester Vortrag), nicht nur vom Staat, sondern auch von kirchlichen Dienststellen von vornherein

9 K. Feiereis, „Vertrauen" (Anm. 2), 46 f.

für den Druck abgelehnt worden sind. Man unternahm nicht einmal den Versuch, die staatliche Genehmigung für eine Veröffentlichung einzuholen."[10]

Treibende Kraft für die innere Vorbereitung der Friedlichen Revolution von 1989 war vor allem die Ökumenische Versammlung in Dresden und Magdeburg: Gerechtigkeit, Frieden und Bewahrung der Schöpfung – sie lieferte erste Stichworte für eine gewaltlose Gesellschaftsveränderung. Es ist daher kein Zufall, dass Konrad Feiereis – u. a. gemeinsam mit dem Erfurter Dogmatiker Lothar Ullrich und dem Moraltheologen Wilhelm Ernst – als Mitglied der Kommission 1 „Theologische Grundlegung" an dieser zentralen Zusammenkunft der ostdeutschen Christen teilnahm.

Auch seinem persönlichen Engagement ist es zu verdanken, dass die katholische Kirche diesen Kairos nicht verstreichen ließ. „So fiel uns ein Stein vom Herzen, als die Berliner Bischofskonferenz am 1. Dezember 1987 den Beschluß faßte, Delegierte und Berater zur Ökumenischen Versammlung zu entsenden. Vielleicht wurde diese Angst zuvor bewußt von denen innerhalb der Kirche geschürt, welche die Versammlung prinzipiell ablehnten", erklärte Feiereis später im Gespräch mit der Theologin Katharina Seifert.[11]

Tatsächlich wurden die zwölf Beschlüsse der Ökumenischen Versammlung von allen ostdeutschen Bischöfen einhellig angenommen. Widerstand an der Basis gab es ganz selten, hingegen aber von Prälaten wie Paul Dissemond und Gerhard Lange, „engen Mitarbeitern der Berliner Bischofskonferenz. Sie lehnten die Ökumenische Versammlung bis über das Ende der DDR

10 K. Feiereis, „Vertrauen" (Anm. 2), 48.

11 Katharina Seifert, *Durch Umkehr zur Wende. Zehn Jahre „Ökumenische Versammlung in der DDR" – eine Bilanz*, Leipzig 1999, 103–111, 109.

hinaus entschieden ab. Man scheute in diesem Kreis auch nicht vor einer Herabsetzung meiner Person vor dem Staatssekretär für Kirchenfragen zurück."

Verletzt hat den entschiedenen Vertreter seiner Kirche, der zur Meinungsbildung von westdeutschen Politikern und vatikanischen Stellen um Rat gebeten wurde, die abqualifizierende Aussage, wonach „dieser Professor" bloß „Phantastereien" verbreite, die keineswegs von den Bischöfen gedeckt würden. Lapidar berichtet Feiereis schließlich: „In der Nacht zum 1. Mai 1989, nach dem feierlichen Abschluss der Ökumenischen Versammlung in der Dresdner Kreuzkirche, stellte bei der Heimkehr ein Tankwart fest, dass die Benzinleitung bei meinem Wartburg angesägt war. Zufall?"[12]

4. Katholischsein im Osten: Wertvoll für das Ganze

Was die Berliner Bischofskonferenz in ihrem letzten Hirtenbrief zum „Tag der Einheit" am 3. Oktober 1990 formuliert hat, bildete für Konrad Feiereis, der vielen Mut gemacht hatte, unter schwierigsten gesellschaftlichen Verhältnissen nicht in die innere bzw. äußere Emigration auszuweichen, eine zentrale theologisch-philosophische Zeitansage: „Wir Christen bringen etwas mit in die deutsche Einheit: Wir haben versucht, an Gott und seiner Kirche in einer atheistischen Gesellschaft festzuhalten. [...] Wir wollen auch künftig engagiert im Geist des Evangeliums mitwirken an der Gestaltung Deutschlands."[13]

Darum hat ihn die gesellschaftliche Entwicklung in den neuen Bundesländern weiter umgetrieben. Wie der Erfurter Bischof emeritus Joachim Wanke, der davon sprach, Kirche in stark säkularisierter Umwelt nicht als extreme Ausnahme einer

12 K. Feiereis, „Vertrauen" (Anm. 2), 46.
13 M. Höllen, *Loyale Distanz?*, Bd. 3/2: *1977–1990*, 314 f.

ansonsten volkskirchlich geprägten Regel wahrzunehmen, plädierte auch Feiereis mit Verve dafür, die spezifische kirchliche Erfahrung Ostdeutschlands als Gabe für die Kirche der gesamten Bundesrepublik zu begreifen. Dies hat ihn, wie auch aus drei an Thomas Brose adressierten E-Mails (vgl. V.) hervorgeht, bis gegen Ende seines Lebens beschäftigt. Der katholische Intellektuelle, dem wie Romano Guardini Melancholie und Schwermut keineswegs fremd waren, hat keine Zweifel daran aufkommen lassen: Die Zeiten des gesellschaftlichen Umbruchs bildeten für den kirchenfremden Osten einen Kairos – wenn man den Zusammenbruch des Sozialismus nach 1989/90 nicht als religiöse Renaissance missverstehe, sondern als Chance begreife, den Glauben durch verstärkte Bildungsarbeit und karitative Tätigkeit gerade unter denen, die „ihre Konfessionslosigkeit schon geerbt haben" (Eberhard Tiefensee), neu zur Sprache zu bringen.

Unter Feiereis' behutsamer Federführung konnte sich im Lauf der Jahre eine regelrechte „Erfurter Schule" entwickeln. Von seinen Studenten und Promovenden verlangte er dabei, advokatorisch für die „Andern", die Kirchenfremden, Nichtchristen und Atheisten, zu argumentieren und die Zeichen der Zeit zu deuten. „Wir Christen", so Feiereis im Gespräch mit Eckhard Pohl (vgl. S. 26), „stehen vor der großen Aufgabe, die Glaubwürdigkeit der Kirche zu stärken. Und Außenstehenden die Erfahrung zu vermitteln, daß es Kirche nur deshalb gibt, weil sie für die Menschen da sein und ihre Wege mitgehen will. Ich glaube, wir könnten manche Barrieren abbauen, wenn Kirche als Ort der Freiheit und der Befreiung von Knechtschaft aller Art erlebt würde. Wir sind doch zur Freiheit der Kinder Gottes berufen! Diese unsere Erfahrung aus der Zeit der totalitären Diktatur gilt es zu bewahren und weiterzugeben."[14]

---

14 Vgl. in diesem Band das nachfolgende Gespräch von Konrad Feiereis mit Eckhard Pohl „Brücken bauen zwischen Christen und Nichtchristen. Über ein Zusammenleben in säkularer Gesellschaft".

I. Brücken bauen zwischen Christen und Nichtchristen. Über ein Zusammenleben in säkularer Gesellschaft

Konrad Feiereis im Gespräch mit Eckhard Pohl[1]

POHL: Herr Professor Feiereis, zehn Jahre nach der friedlichen Revolution von 1989 sind die Menschen in den neuen Ländern im Vergleich zu DDR-Zeiten nicht christlicher geworden, wie sich mancher erträumt hatte. Wo liegen Gründe dafür?

FEIEREIS: Für die Entchristlichung unserer Gesellschaft gibt es verschiedenartige Ursachen. Kommunistische Erzieher haben vier Jahrzehnte lang Kindern und Jugendlichen eingeredet, die Nichtexistenz Gottes sei wissenschaftlich bewiesen. Sie haben Religion mit Aberglauben gleichgesetzt. Viele unserer Mitbürger haben dadurch eine verzerrte Gottesvorstellung eingepflanzt bekommen. Die Kirche und ihre Geschichte wurde so dargestellt, als habe sie stets an der Seite feudaler und kapitalistischer Systeme gestanden, also Unrecht und Ausbeutung gerechtfertigt. Die Nachwirkungen dieser Erziehung zum Kommunismus werden uns noch für Jahrzehnte beschäftigen. Auf Grund ihrer Lebenserfahrungen sind viele Menschen mißtrauisch und hegen prinzipiell den Verdacht, sie könnten von Politik, Parteien, Verbänden, ja nicht zuletzt auch von den Kirchen vereinnahmt und instrumentalisiert werden. Die alten Wunden sitzen sehr tief.

---

1 Das Gespräch wurde zuerst veröffentlicht in: Thomas Brose (Hrsg.), *Gewagte Freiheit. Wende – Wandel – Revolution*, Leipzig 1998, 168–173.

POHL: Was kann die Kirche tun, diese Wunden heilen zu helfen?

FEIEREIS: Wir Christen stehen vor der großen Aufgabe, die Glaubwürdigkeit der Kirche zu stärken. Und Außenstehenden die Erfahrung zu vermitteln, daß es Kirche nur deshalb gibt, weil sie für die Menschen da sein und ihre Wege mitgehen will. Ich glaube, wir könnten manche Barrieren abbauen, wenn Kirche als Ort der Freiheit und der Befreiung von Knechtschaft aller Art erlebt würde. Wir sind doch zur Freiheit der Kinder Gottes berufen! Diese unsere Erfahrung aus der Zeit der totalitären Diktatur gilt es zu bewahren und weiterzugeben. Manchem unserer Mitbürger wird immer stärker bewußt, daß Freiheit nicht Bindungslosigkeit bedeuten kann. Sie werden die Kirchen wieder suchen, wenn sie sie als Ort des Dialogs erkennen, an dem auch Kritik als Zeichen des Suchens willkommen ist. Christentum und Kirche dürfen nicht „zentralistisch verwaltet“ werden. Stattdessen muß Glaube in der Begegnung mit Christus und in der Gemeinschaft der Christen erfahrbar gemacht werden.

POHL: Wo sehen Sie Anknüpfungspunkte für die Verkündigung?

FEIEREIS: Wer im Bereich von Bildung und Erziehung tätig ist, wird sich darum bemühen, junge Menschen zu eigenständigem Denken, zu Kritik- und Urteilsfähigkeit zu führen: Wie viele Angebote unterschiedlichster Art stürzen auf jeden von uns ein, die unser Leben in eine bestimmte Richtung lenken wollen. Woher nehmen wir die Kriterien, um die für uns richtigen Entscheidungen zu treffen? Die Konsumgesellschaft redet uns pausenlos „Bedürfnisse“ ein, die angeblich gestillt sein müssen, wenn das Leben gelingen soll. Um wieviel schwieriger ist es für viele unserer Menschen, zwischen den Angeboten zu unterscheiden, die an Weltanschauung und Moralvorstellungen, an unser Verlangen nach letztem Sinn und tiefster Geborgenheit gerichtet sind.

POHL: Wie können solche Kriterien vermittelt werden?

FEIEREIS: Hier sind die Bildungsstätten der Kirchen unverzichtbar, nicht zuletzt die von ihnen getragenen Schulen. Wenn der Wunsch nicht-christlicher Eltern wächst, ihre Kinder in diese Schulen zu geben, dann ist das doch ein ermutigendes Zeichen für wachsendes Vertrauen gegenüber den Kirchen, ihrem Menschenbild und Bildungsziel. Kann unsere Gesellschaft Zukunft haben, wenn uns das kulturelle Erbe unserer abendländischen Zivilisation gleichgültig wird? Kann jemand eine wirkliche Heimat haben, wenn er kein Verhältnis zu seiner geschichtlichen Herkunft besitzt? Zur Geschichte unserer Gesellschaft gehört das Christentum unablösbar hinzu. Das gesamte Geistesleben ist vom Christentum – auch durch die Auseinandersetzung mit ihm – geprägt. Eine Abkehr von ihm würde das Fundament, auf welchem die Bundesrepublik steht, gefährden und wohl auch zerstören. Niemand soll uns einreden, Wirtschaftsinteressen und Konsum könnten ein Volk oder Europa auf die Dauer zusammenhalten. Über diese Zusammenhänge gilt es gemeinsam mit Nichtchristen nachzudenken. Die Bildungsarbeit der Kirchen darf daher keinesfalls dem Rotstift zum Opfer fallen.

POHL: Aber im Westen, wo umfassende Bildung seit 50 Jahren möglich war, ist die Lage nicht viel besser …

FEIEREIS: Teilweise mag das zutreffen. Doch ist in den alten Ländern der Zugang zum Verständnis christlicher Kultur nie von Staats wegen verhindert worden. Literatur wie die Dostojewskis oder Thomas Manns bleibt nicht unverständlich, weil sie das christliche Verständnis von Schuld und Sühne oder biblische Erzählungen thematisiert. Wer das Bildungsangebot im Westen wahrgenommen hat, benötigt keine Einführung in das „Agnus Dei" einer von Mozart komponierten Messe. Hierin sehe ich einen entscheidenden Unterschied zwischen uns Deutschen, der das geistige Zusammenwachsen noch lange erschweren wird. Um sich nicht der Konsumgesellschaft auszuliefern, ist es unverzichtbar, sich auf diese, unsere vom Christentum entscheidend geprägte Kultur zu besinnen. Sie bleibt für unsere Selbstfindung und Selbstbestimmung unverzichtbar, in West und Ost. Das Nachdenken darüber darf nicht diffamiert werden durch das furchtbare Wort, im Osten lebten nur gottlose Menschen. Wer so spricht, sollte daran denken, was Christus über den sagt, der seinen Bruder „gottlos" nennt (Matthäus 5,22).

POHL: Sie haben eben Gefahren für das Zusammenleben in der Gesellschaft angedeutet ...

FEIEREIS: Nirgends gibt es eine absolut gerechte und vollkommene Gesellschaft. Erfahrungen von Bedrohung und Ungerechtigkeit dürfen aber nicht dazu führen, daß das staatliche und wirtschaftliche System selbst und dessen ethische Grundlagen abgelehnt werden. Eine solche Gesellschaft steuert ihrem Zerfall entgegen. Die Zahl der Menschen wächst, die sich durch den Staat nicht mehr genügend an Leib, Leben und Unversehrtheit – ich erinnere an die Mißhandlung von Kindern – geschützt fühlen. Eltern erfahren sich benachteiligt, weil sie „Ja" zu Kindern gesagt haben. Überhaupt: Was wird aus uns, wenn eine Mentalität um sich greift, der Gemeinwohl ein Fremdwort ist und die den Staat als Selbstbedienungsladen sieht?

POHL: Ist die Politik nicht aber längst der Wirtschaft ausgeliefert?

FEIEREIS: Diese Gefahr ist nicht zu übersehen. Gerade christliche Politiker dürfen vor der scheinbaren Unüberwindlichkeit von Sachzwängen nicht kapitulieren. Die Marktwirtschaft darf nicht so frei sein, daß sie den Vorrang vor dem Menschen beansprucht oder gar erhält. Im Osten Deutschlands wurde manche Chance vertan, Arbeitsplätze zu erhalten. Eine Marktwirtschaft, die das

Attribut „sozial“ immer kleiner schreibt, fördert Gleichgültigkeit gegenüber Menschen, die vor die Hunde gehen.

POHL: Was kann die Kirche in dieser Hinsicht tun?

FEIEREIS: Sie sollte den Politikern auf der Basis ihrer Soziallehre ernsthaft ins Gewissen reden. Wir Christen erwarten ja bald ein unmißverständliches Wort beider Kirchen. Arbeit macht zwar nicht das Wesen des Menschen aus, sie gehört aber unlösbar zu seiner Natur. Darum wird das Leben von Menschen zerstört, die schon in ihrer Jugend oder in ihren besten Jahren Arbeitslosigkeit erleiden. Der Papst hat wiederholt vor der Ideologie eines schrankenlosen Kapitalismus gewarnt. Ohne die Bereitschaft zum Teilen – und wie Christus „teilen“ versteht, lesen wir in Matthäus 5, 38–48 – gibt es keine gemeinsame Zukunft, nicht in Deutschland, nicht über seine Grenzen hinaus. Erbarmen steht für uns Christen höher als jede kalte Gerechtigkeit. Was Erbarmen bedeutet, begegnet uns in Jesus Christus. Wer im „realen Sozialismus“ gelebt hat, wird sich nicht fürchten, wegen dieser Überzeugung schief angesehen oder verspottet zu werden. Als das Christentum in unsere Regionen kam, haben dessen Verkünder das Land urbar gemacht, Spitäler gebaut und Schulen errichtet. Unter anderen Bedingungen, aber in ähnlicher Weise können heute Christen dazu beitragen, daß unsere Gesellschaft menschlicher wird.

POHL: Aber da stehen wir doch schnell vor finanziellen Grenzen?

FEIEREIS: Wir werden uns nicht davor drücken können, neue Prioritäten zu setzen. Krankenhäuser in kirchlicher Trägerschaft müssen das spezifisch Christliche bewahren. Wenn es dem Pflegepersonal nicht möglich ist, einem Sterbenden die Hand zu halten und mit ihm zu beten, weil die dafür aufgewendete Zeit bei der Kasse nicht abgerechnet werden kann, sollten bei uns die

Alarmglocken klingeln. Hier ist zu fragen: Glaubt eine derartige Gesellschaft, die offensichtlich nur noch in den Kategorien der Apparatemedizin denkt und sich anschickt, die Quantität zur Meßlatte der Humanitas zu machen, christliche Krankenhäuser entbehren zu können? Dann müßten wir furchtlos die Anpassung verweigern und nach neuen Wegen suchen, um in einer so veränderten Gesellschaft von Christus Zeugnis zu geben, wie etwa in der Betreuung von Jugendlichen, Arbeitslosen, Behinderten, Ausländern, in der Hospizbewegung, in der Begleitung Aidskranker

POHL: Wie beurteilen Sie in diesem Zusammenhang die Ökumene?

FEIEREIS: In Ostdeutschland liegt die Zukunft des Christentums hauptsächlich in einer glaubwürdig gelebten Ökumene. Es gilt alle Anstrengungen darauf zu richten, daß die bei uns gewachsene, einzigartige ökumenische Gemeinschaft keinen weiteren Schaden nimmt.

II. Möglichkeiten und Grenzen des Dialogs zwischen Christen und Marxisten

Aus der Sicht eines katholischen Theologen[1]

Milan Machovec sagte in seiner Dankesrede anlässlich der Verleihung der Ehrendoktorwürde der Theologischen Fakultät der Universität Bern am 7. Dezember 1987: „Man wird durch den Dialog (besonders zwischen Marxisten und Christen) nicht nur klüger [...], sondern man wird auch besser und tiefer, man wird mehr Mensch [...] Wer sich angewöhnt, sich selbst im Spiegel des Andersdenkenden zu beobachten, der reift so, dass er an Überzeugungsfähigkeit und Kraft gewinnt. Mit Mut und Demut zugleich müssen wir also trotz aller Rückschläge einen neuen Dialog suchen und wagen."[2]

Meine Gedanken möchte ich unter dieses Zitat des zu Ehrenden stellen, zugleich dankend für die Einladung, anlässlich dieser Tagung einen Vortrag zu halten. Nach elf Jahren ist es das erste Mal, dass ich mich öffentlich wieder an einem Dialog zwischen Marxisten und Christen beteilige. Das letzte Mal referierte ich anlässlich eines Kolloquiums zwischen dem „Päpstlichen Rat für den Dialog mit den Nichtglaubenden", dem ich als Konsultor angehörte, und dem „Sowjetischen Komitee für Sicherheit und Zusammenarbeit in Europa" am 19. Oktober 1989 in Klingenthal bei Strasbourg. Dort erreichte uns die Nachricht vom Sturz Honeckers, dort wurde der Besuch Gorbatschows bei

1 Vortrag auf Einladung der Berliner Rosa-Luxemburg-Stiftung anlässlich einer Tagung zu Ehren von Milan Machovec'; in: *UTOPIE kreativ*, H. 129/130 (Juli/August 2001), 709–721.

2 *Evangelische Kommentare* 21 (1988), H. 1, 46.

Papst Johannes Paul II. vorbereitet, der dann am 1. Dezember 1989 stattfand.[3]

Wenn ich der Einladung zu dieser Tagung gefolgt bin, dann nicht zuletzt aus tiefer Verehrung gegenüber Milan Machovec. Meine Vorlesungen haben etwa tausend Studenten der katholischen Theologie gehört. Keinem von ihnen, der in Erfurt zu Zeiten der DDR studiert hat, ist Machovec ein Unbekannter geblieben. Sein Werk *Jesus für Atheisten* von 1972 war nicht nur unseren Theologen vertraut, sondern auch zahllosen Akademikern und christlichen Studenten an den staatlichen Universitäten und Hochschulen, welche die Angebote über Fragen von Philosophie und Weltanschauung in unseren kirchlichen Bildungshäusern wahrgenommen haben. Unvergesslich ist mir ein Besuch in den siebziger Jahren in Prag, als ein befreundeter Kollege auf eine Kirche zeigte und sagte: Hier spielt Machovec die Orgel. Jeder wusste, warum. Vor allem durch das genannte Buch blieb auch – trotz der Okkupation der CSSR im Jahre 1968 und nach den Ereignissen des Novembers 1976, als Biermann aus der DDR herausgeworfen wurde – ein Keim der Hoffnung erhalten, dass der Dialog zwischen Marxisten und Christen doch eines Tages möglich sein würde, ehrlich und gleichberechtigt zugleich. Dieses Buch dokumentierte, dass es Marxisten gab, mit denen der Christ reden konnte.

Im Rückblick auf die Realität in der DDR müssen wir die Frage stellen: War nicht die Dialogunfähigkeit des SED-Regimes einer der Hauptgründe, warum so viele ausreisten, schon vor 1961 und dann in den achtziger Jahren wiederum? Darunter waren nicht zuletzt auch diejenigen, welche in unseren Pfarrgemeinden die schmerzlichsten Lücken hinterließen. Und ist

---

3 Vgl. Konrad Feiereis, „Das gemeinsame europäische Haus. Bereiche der Zusammenarbeit zwischen Ost und Westeuropa“, u. a. abgedruckt in: *Deutsche Zeitschrift für Philosophie* 38 (1990), 411–421.

die DDR nicht zuletzt wegen ihrer Dialogunfähigkeit zugrunde gegangen?

1. Über die Notwendigkeit des Dialogs

Das Jahr 1945 bot die einmalige Chance, das Zusammenleben und -wirken von Christen und Marxisten auf eine tragfähige Grundlage zu stellen. Deutschland war ein Trümmerfeld, ökonomisch, politisch und geistig verwüstet. Kommunisten und Christen hatten Kerkerhaft und Martyrium erfahren. Die KPD hatte zwischen 1933 und 1945 den Widerstand der katholischen Kirche mehrfach mit Anerkennung gerühmt.[4] Gemeinsame Erfahrungen und Leiden wären Grund genug gewesen, den Dialog als notwendig zu erachten. Die ersten Jahre nach 1945 boten auch zunächst Anlass zu begründeter Hoffnung. Es kam leider anders; Dialog galt bald als staatsfeindlich. Machovec sagt 1987 dazu: „Das tiefe mitmenschliche Leben wird zur kriminellen Angelegenheit gestempelt; der Dialog öffnet angeblich das Tor für das ‚feindliche Denken' in den Augen jener, die selbst nicht mehr fähig sind, über die eigene fetischisierte Ideologie nachzudenken."[5] Der Dialog zwischen „Andersdenkenden" wäre nach 1945 gerade deshalb so notwendig gewesen, weil man in der zweiten Hälfte des vorigen Jahrhunderts „alle apokalyptischen Konsequenzen zu reflektieren beginnt, die durch die nukleare

4 Vgl. meinen Beitrag „Zusammenleben und Kooperation von Christen und Marxisten in der Gesellschaft" vom Oktober 1986 in Budapest, gedruckt u .a. in: *Theologisches Jahrbuch 1991* hrsg. v. Wilhelm Ernst/Konrad Feiereis/Siegfried Hübner/Claus-Peter März, Leipzig 1992, 357–371. Dieser Band dokumentiert die Praxis der Zensur und druckt auf 528 Seiten Beiträge, deren Drucklegung in der DDR nicht zugelassen wurde.

5 M. Machovec, *Evangelische Kommentare* (Anm. 1), 43.

Rüstung der Gegenwart möglich werden: eine globale Selbstausrottung der ganzen Menschheit". Und er fügt hinzu: Solche Dialoge sind es, die es „ermöglichen, dass es eine weitere Menschheitsgeschichte gibt".[6]

2. Zu den Voraussetzungen eines Dialogs

Machovec hat auf Grund seiner großen Erfahrungen bekanntlich in seinem jüngsten Buch eine „Theorie des Dialogs" auszuarbeiten versucht und diese in sieben Kriterien zusammengefasst. Dazu gehören das „Ernstnehmen" des anderen in seinem „Anderssein", das „Sich-selbst-sehen" mit den Augen des Andersdenkenden und die fruchtbare Skepsis gegenüber jedem Fundamentalismus. Skepsis aber, so betont Machovec vehement, darf nie das Letzte bleiben, da sie im Nihilismus ende; dieser wäre der „Weg zur Gleichgültigkeit und zur [...] nuklearen oder ökologischen Katastrophe". Der „gemeinsame Dämon" dürfe nicht „im Andersdenkenden", sondern sollte „in dem nichtdenkenden Konsumenten" gesucht werden. Man müsse sich in der Begegnung mit dem anderen auch zu seinen Schwächen bekennen und im Dialog Freundschaft wachsen lassen. Zur Voraussetzung des Dialogs gehöre schließlich die Aneignung von Kultur und Bildung. Hierzu bemerkt Machovec: „Ich staune, dass zu mir diese deutschen Hochschulstudenten kommen, die Goethe gar nicht gelesen haben [...] Was bleibt dann?"[7]

In der katholischen Kirche widmete sich Papst Paul VI. im Jahre 1964 in seiner Enzyklika *Ecclesiam suam* dem Thema des Dialogs zwischen Christentum und moderner Welt. Die darin

---

6 M. Machovec, *Evangelische Kommentare* (Anm. 1), 43 f.

7 Milan Machovec, *Die Frage nach Gott als Frage nach dem Menschen*, Innsbruck 1999. Die Herausarbeitung der Kriterien findet sich auf den Seiten 40–47, das Zitat auf Seite 45.

aufgestellten Prinzipien wurden maßgebend für den im Jahre 1965 errichteten „Päpstlichen Rat für den Dialog mit den Nichtglaubenden". Diese Institution wurde von 1966 bis 1980 von dem Wiener Kardinal König geleitet, danach von dem Franzosen Kardinal Poupard. In der Sicht der genannten Enzyklika sind Voraussetzungen für einen fruchtbaren Dialog: Klarheit in der Darlegung des eigenen Standpunktes, ohne Verschleierung oder Verkürzung der Wahrheit, an die man glaubt; Ausschluss von Rechthaberei und Verletzung des anderen; Wechselseitiges Vertrauen als Grundlage für Verständnis und auch Freundschaft; Einfühlen in den Gesprächspartner und Beachtung seiner Sensibilität (Nr. 47).

3. Über die Hindernisse des Dialogs

Machovec sprach in Bern im Dezember 1987 davon, dass der Dialog zwischen Andersdenkenden zum tiefen mitmenschlichen Leben gehöre. Despoten und Autokraten, die das Monopol auf Wahrheit beanspruchten, verweigerten den Dialog, um nicht das Tor für ein feindliches Denken zu öffnen und seien selbst nicht mehr fähig, über ihre eigene Ideologie zu reflektieren. Verweigerung des Dialogs entspringe zudem aus dem Unterbewusstsein der eigenen Schwäche, sei es die Schwäche der eigenen Überzeugung oder die der Fähigkeit, andere zu überzeugen.[8]

Ich sage hier nichts Neues, wenn ich darauf verweise, dass der Christ in der DDR – ähnliches gilt für die übrigen Länder des ehemaligen Ostblocks – den Monopolanspruch der sogenannten wissenschaftlichen Weltanschauung als das größte Hindernis für ein Miteinander von Christen und Marxisten erfahren hat. Hier lässt sich ein Bogen spannen vom Anfang bis zum Ende der

---

8 Vgl. M. Machovec, *Evangelische Kommentare* (Anm. 1), 43.

DDR. Am 11. November 1953 schrieben unsere Bischöfe: „Mit tiefem Schmerz stellen wir fest: unsere Schule ist religionslos [...] in dieser [...] wird der Materialismus gelehrt [...] Glaube niemand, wir seien gesonnen, uns mit diesem Zustand abzufinden. Wir fordern unser Recht und werden darum darauf bestehen."[9]

Am 12. Juni 1987 sagte Kardinal Meisner in Dresden vor 100.000 Katholiken: „ [...] die Christen in unserem Land möchten ihre Begabungen und Fähigkeiten in unsere Gesellschaft einbringen, ohne dabei einem anderen Stern folgen zu sollen als dem von Bethlehem [...] wir Christen wollen keine Privilegien, sondern nur die Möglichkeit für unseren christlichen Weltdienst."[10] Hat sich die DDR – so fragen wir rückblickend – durch die kontinuierliche Ausgrenzung und Benachteiligung der Christen nicht mehr als nur einen Sargnagel geschaffen?

Die Ideologen in der DDR sahen in jeder Form eines geistigen Pluralismus eine Bedrohung der eigenen Existenzgrundlagen. Das Ideal des Bildungs- und Erziehungssystems war der Staatsbürger, der im Denken und Verhalten seine Konformität zum System bewies, der nicht nur seine Kenntnis des Marxismus-Leninismus demonstrierte, sondern möglichst ein Bekenntnis zu ihm ablegte. Wie sollte ein Dialog möglich sein, wenn sich die DDR als ein Staat verstand, der Sozialismus mit dialektischem und historischem Materialismus verknüpfte?

Es ist notwendig, heute daran zu erinnern, denn es stellt sich ja nunmehr ein Jahrzehnt danach die Frage, welche der damaligen Auffassungen im Denken eines heutigen Marxisten zum Marxismus gehören. Ich nenne einige für uns Christen damals wie heute unerhört wichtige Aussagen: Die Grundfrage

---

9 *Katholische Kirche – Sozialistischer Staat DDR. Dokumente und öffentliche Äußerungen 1945–1990*, hrsg. v. Gerhard Lange/Ursula Pruß/Franz Schrader/ Siegfried Seifert, Leipzig 1992, 58.

10 *Katholische Kirche – Sozialistischer Staat DDR* (Anm. 8), 333.

der Philosophie sei die nach dem Primat des Geistes oder des materiellen Seins. Materialismus und in Folge auch Atheismus werden als „wissenschaftliche Weltanschauung" ausgegeben. Religion sei Form des objektiven Idealismus. Religion sei daher eine verkehrte Widerspiegelung der Wirklichkeit, verkehrtes Bewusstsein, Opium „des" Volkes oder „für" das Volk. Die Gesellschaftsform des Sozialismus gehe über in die des Kommunismus, der wiederum mit einer religionslosen Gesellschaft gleichzusetzen sei. Religion und Kirchen sind keine gesellschaftliche Kraft. Der Mensch werde nicht durch den abendländischen Traditionsbegriff der „Person" definiert, sondern durch den der „Persönlichkeit". Die „Persönlichkeit" ist nicht vorgegeben, sondern Ergebnis gesellschaftlicher Verhältnisse. Vorgegebene Menschen- und Freiheitsrechte gibt es nicht. Religion ist keine Form des Humanismus.

Die hier genannten Thesen aus scheinbar vergangener Zeit sind in dem Augenblick wieder bedeutungsvoll, wenn die Fragen nach den geistigen Grundlagen des Marxismus heute von den Mitgliedern einer marxistischen Partei gestellt werden oder wenn gar die Vision einer neuen Gesellschaftsform des Sozialismus erneut beschworen würde. Was gilt noch, was gilt wieder, was wurde aufgegeben?[11]

---

11 Michael Brie weist auf die Spannungen hin, die innerhalb der PDS zwischen einer Mehrheit und einer Minderheit bezüglich des Sozialismus-Verständnisses bestehen. Erstere betrachte den Sozialismus als „eine der großen ideologischen Strömungen neben Liberalismus und Konservativismus" und halte „Wertorientierungen" für „entscheidend"; letztere insistiere „auf einem Verständnis von Sozialismus als einer zukünftigen Gesellschaft". M. Brie, der sich zu der Position der Mehrheit bekennt, hält „eine Koexistenz dieser Positionen innerhalb einer lebendigen PDS im nächsten Jahrzehnt" für möglich (vgl. *Neues Deutschland* vom 2. Dezember 1999). Vgl. zur Diskussion über den Sozialismus-Begriff *Der Traum aber bleibt.*

4. Über die kritische Distanz zu einem Dialog seitens der Berliner Bischofskonferenz

Soziologisch gesehen handelt es sich bei unserer katholischen Kirche im Osten Deutschlands um eine kleine, zahlenmäßig fast unbedeutende Gruppe innerhalb der Gesellschaft. Die Rolle der Volkskirche fiel nach 1945 wie selbstverständlich der evangelischen Schwesterkirche zu. Bekanntlich haben die Vorsitzenden der Berliner Bischofskonferenz (BBK), besonders Kardinal Bengsch, die Kirche in der DDR geradezu zentralistisch geleitet, aus Sorge um die Einheit der Kirche. Spaltungsversuche und Spaltungserfolge der Machthaber vor allem in der CSSR standen ihnen deutlich vor Augen. Von einem Teil des Kirchenvolkes wurde der Leitungsstil gleichsam als Reglementierung empfunden.

Historisch gesehen sind verschiedene Fragen über die Rolle der katholischen Kirche in der DDR bisher noch nicht befriedigend beantwortet.[12] Fest steht, dass der Gedanke eines Dialogs

---

Sozialismus und christliche Hoffnung. Eine Zwischenbilanz, hrsg. v. Norbert Sommer, Berlin 1992. Dieser Band enthält 56 Beiträge z. T. namhafter Autoren.

12 Als umfassende Untersuchungen verdienen hervorgehoben zu werden die Bände *SED und Kirche. Eine Dokumentation grundsätzlicher Entscheidungen zu ihren Beziehungen*, Bd. I. hrsg. v. J. Heise; Bd. II. hrsg. v. Horst Dohle unter Mitarb. v. Joachim Heise u. Martin Onasch, Neukirchen-Vluyn 1994. Speziell zur katholischen Kirche: Bernd Schäfer, *Staat und katholische Kirche in der DDR* (*Schriften des Hannah-Arendt-Instituts für Totalitarismusforschung* 8), Köln 1999; Martin Höllen, *Loyale Distanz. Katholizismus und Kirchenpolitik in SBZ und DDR. Ein historischer Überblick in Dokumenten*, Bd. 1–3, Berlin 1994–2000; *Kirchliches Leben im totalitären Staat. Seelsorge in der SBZ/DDR 1945–1976. Quellentexte aus den Ordinariaten*, Teil I bearb. u. hrsg. v. Josef Pilvousek, Leipzig 1994; Teil II: *Quellentexte aus den Ordinariaten 1977–1989. Dokumentenband*, bearb. u. hrsg. v. Josef Pilvousek, unter

zwischen Marxisten und Christen von Anfang an von den Bischöfen aus weltanschaulichen Gründen verworfen wurde. Das Wort Bebels, dass sich Christentum und Sozialismus wie Feuer und Wasser gegenüberstünden, wurde ohne Einschränkung als zutreffend angesehen. Offizielle Kontakte zu „Marxisten" waren hauptsächlich Kontakte zu Staatsfunktionären, die nur von beauftragten Klerikern hergestellt und gepflegt werden durften. Andererseits war es bis in die Zeit der „Wende" hinein marxistischen Philosophen so gut wie immer untersagt, bei kirchlichen Veranstaltungen aufzutreten. Der Versuch einer Interpretation unserer Situation als „Kirche im Sozialismus" wäre von Anfang an auf den Widerstand der Kirchenleitung gestoßen.

Dennoch gab es eine Art Dialog, aber in Abwesenheit des Partners. Empfanden sich nach dem Ende des Krieges angesichts der Herausbildung des weltanschaulichen Monopols seitens der SED unsere Christen zunächst wie die Bewohner in einem fremden Haus – so Bischof Spülbeck 1956 auf dem Katholikentag in Köln[13] –, so betrachtete die darauf folgende Generation dieses Land als wirkliche Heimat und suchte nach dem angemessenen Platz in der Gesellschaft. Fragen der Ideologie, die sich ja durch den gesamten Bildungsweg zogen, rückten bei

---

Mitarb. v. Andrea Wilke u. E.-M. Wypler, Leipzig 1998. Speziell zum Dialog: Simone Thiede, *Der Dialog zwischen Religionen und säkularen Weltanschauungen. Dargestellt am Beispiel des christlich-marxistischen Dialogs in der DDR*, Frankfurt/M. 1999. Vgl. die Rezension in: *Berliner Dialoghefte* 2 (1999), 62 f. Speziell zum philosophischen Atheismus in der DDR: Alfred Hoffmann, *„Mit Gott einfach fertig". Untersuchungen zu Theorie und Praxis des Atheismus im Marxismus-Leninismus der DDR*, Leipzig 2000.

13 Vgl. B. Schäfer, *Staat und katholische Kirche in der DDR* (Anm. 12), 13.

den geistig wachen jungen Christen, Schülern wie Studenten, aber auch bei den Akademikern, stark in den Vordergrund. Das Spektrum dieser Fragen war weit gefächert, es reichte von „ewiger Materie oder Schöpfung“ bis hin zu dem Problem der Stellung des Christen in der Gesellschaft: „Was darf ein Christ mitmachen, ohne seinen Glauben zu verleugnen?“ Es gab keinen direkten Dialog mit dem Staatsbürgerkunde-Lehrer oder dem Philosophie-Dozenten in den kirchlichen Bildungshäusern, wohl aber eine kritische Auseinandersetzung mit all den weltanschaulichen Themen und Fragen, die das Spannungsverhältnis von Christentum und Marxismus im weitesten Sinne tangierten. Besondere Beachtung fanden bei den Christen in der DDR alle Bemühungen, die auf Veränderung und Weiterentwicklung des kulturellen Lebens in der DDR abzielten, vor allem in der Literatur, in Film und Fernsehen wie in allen anderen Bereichen der Kunst. Christa Wolf war zwar in der Partei, mit ihrem Werk aber konnten wir uns identifizieren. Zugang zum westlichen Marxismus, etwa dem der Frankfurter Schule, aber auch zu Schöpfungen der uns sonst unzugänglichen Literatur und Kunst, boten unsere Jugend- und Bildungshäuser. Peter-Paul Straube hat dies am Beispiel der katholischen Studentengemeinden in der DDR als Ort eines außeruniversitären „Studium generale“ in einer Dissertation exemplarisch dargestellt.[14]

5. Der Dialogversuch der Paulusgesellschaft

Das Zweite Vatikanische Konzil hatte den „Dialog mit allen Menschen“ zur Aufgabe aller katholischen Christen gemacht.[15]

---

14 Vgl. Peter-Paul Straube, *Katholische Studentengemeinde in der DDR als Ort eines außeruniversitären Studium generale* (*EThSt* 70), hrsg. v. K. Feiereis/G. Hentschel, Leipzig 1996.

15 Vgl. die Pastoralkonstitution *Gaudium et Spes*, Nr. 92.

Nicht die Abgrenzung der Kirche von der Welt, sondern die Begegnung und die enge Verbundenheit mit ihr sollten das beiderseitige Verhältnis bestimmen. Der „universale Dialog“, besonders auch mit den Nichtglaubenden, sollte zur Integration der Kirche in die Menschheits-Familie beitragen.[16] In demselben Jahr 1965, in dem das Konzil beendet wurde, begannen die Aufsehen erregenden Gespräche der Paulusgesellschaft in Salzburg; 1966 wurden sie in Herrenchiemsee und 1967 in Marienbad fortgeführt. Mit dem August 1968 endete nicht nur der Prager Frühling, sondern auch der „Frühling des Dialogs“[17] zwischen Christen und Marxisten, für den sich gerade Milan Machovec so entschieden eingesetzt hatte. Immerhin widmete sich dieser Aufgabe weiterhin die *Internationale Dialogzeitschrift,* die aber 1974 auch ihr Erscheinen einstellte.

Diese Gespräche litten darunter, dass an ihnen vorwiegend Intellektuelle beteiligt waren, die bereits eine gewisse Offenheit füreinander mitbrachten. Zudem blieb durch den Ost-West-Gegensatz bis zum Ende ungeklärt, wer den authentischen Marxismus vertrat. In der DDR wurde aufseiten der christlichen Akademikerkreise den Versuchen der Paulusgesellschaft großes Interesse entgegengebracht, erhoffte man sich doch davon eine Modellhaftigkeit für die Begegnung mit Marxisten im eigenen Staat. Seitens der Bischofskonferenz nahm man diesen Dialog mit großer Skepsis, teilweise mit Ablehnung zur Kenntnis, da bei ihm vor allem „linksorientierte“ Theologen engagiert waren, wie zum Beispiel der Leipziger Oratorianer Wolfgang Trilling. Die Bischöfe beargwöhnten diese Versuche in ihrer Sicht nicht zuletzt deshalb, weil hier etwas geschah, was sich ihrer Kontrolle entziehen und die Geschlossenheit der Kirche gefährden konnte.

16 Vgl. Bernhard Grom, „Vom Monolog zum Dialog. Das Gespräch mit den Nichtglaubenden“, in: *Stimmen der Zeit* 1/1988, 29 f.

17 B. Grom, „Vom Monolog zum Dialog“ (Anm. 16), 31.

6. Der vom Päpstlichen Rat initiierte Dialog

Kardinal König ist es gelungen, alle kommunistisch regierten Länder Europas zu besuchen, mit Ausnahme Albaniens, das ihm die Einreise verweigerte. Dialog mit den Nichtglaubenden bedeutete für ihn zuerst Dialog mit marxistischen Nichtglaubenden. Seine Bemühungen führten im Mai 1984 zu einem ersten Erfolg. In Ljubljana kam ein Kolloquium zwischen dem Päpstlichen Rat für den Dialog mit den Nichtglaubenden und der slowenischen Akademie der Wissenschaften und Künste zustande, an welchem etwa 70 Wissenschaftler über das Thema „Glaube und Wissenschaft" referierten beziehungsweise diskutierten, unter ihnen Johann Baptist Metz. Es sollte hier der Versuch unternommen werden, Christen und Marxisten auf dieser Ebene zu einem Gespräch zusammenzuführen, was sich dann auch als sinnvoll und gelungen erwies. Dass dieses Treffen relativ geringe Resonanz fand, lag sowohl in der vom slowenischen Organisator erbetenen Diskretion wie auch daran, dass kein Theologe des Ostblockes außer von Jugoslawien und der DDR – hier Weihbischof Werbs (Schwerin) und ich – eine Einladung und eine Reisegenehmigung erhielt.

Vom 8. bis 10. Oktober 1986 fand dann in Budapest das größte und wichtigste Symposium statt, das es zwischen katholischen und marxistischen Wissenschaftlern je gegeben hat. Veranstalter war neben dem Päpstlichen Rat die Ungarische Akademie der Wissenschaften. Philosophen und Theologen aus 15 Ländern befassten sich mit dem Thema „Gesellschaft und ethische Werte". Wir Theologen begegneten damit zugleich Vertretern des Marxismus aus 15 kommunistischen Parteien aus West- und Osteuropa wie auch aus Kuba. Diese Veranstaltung fand eine starke Beachtung bei den Vertretern der Medien. Die ungarische Regierung war in Sorge, dass dieses Symposium zur Konfrontation und damit zum Eklat führen könnte. Beide

Seiten aber waren zu der Erkenntnis gelangt, dass die Erörterung von Fragen des Glaubens und der Weltanschauung nicht weiterführen würden; sie waren gleichsam ausdiskutiert und die Gegensätze auf dieser Ebene unüberbrückbar. So wandte man sich dem Problem der Ethik in der Gesellschaft zu; hier waren Übereinstimmungen – trotz gegensätzlicher Auffassungen vom Menschen – durchaus zu erwarten. Zudem war besonders in Ungarn schon ein Hauch von Glasnost und Perestroika zu spüren. Niemand schilderte die eigene gesellschaftliche Situation so objektiv und schonungslos wie unsere ungarischen marxistischen Gesprächspartner.

Ich war der einzige Theologe aus der DDR; den marxistischen Part übernahmen Olof Klohr, der bekannte Religionssoziologe aus Warnemünde, und Wolfgang Kliem, Direktor des Instituts für Atheismus beim ZK der SED. Prominentester Teilnehmer aus der Sowjetunion war Viktor Garadsha, Direktor des Instituts für Atheismus beim ZK der KPdSU in Moskau; ihn sollte ich im Oktober 1989 in Straßburg wiedersehen. Von marxistischer Seite sind zu nennen die in Ungarn bis heute noch unvergessene Philosophin Eva Ancel, wie auch der Direktor des philosophischen Instituts in Budapest, Jozef Lukacs, der kurz nach dem Treffen plötzlich verstarb. Zu erwähnen ist auch der Direktor des Instituts für Atheismus in Bratislava (Preßburg), Jaroslav Celko, der erstaunlicherweise den Mut und den Weg fand, alle Referate in slowakischer Sprache zu drucken. Von katholischer Seite sind neben den Kardinälen König, Poupard und Lekai u. a. zu nennen der Sekretär des Päpstlichen Rates, Franc Rodé, heute Erzbischof von Ljubljana, die Marxismus-Kenner J.-Y. Calvez aus Paris und E. Huber aus Rom, der Krakauer Theologe und Berater der Solidarnosc-Bewegung, J. Tischner, der vor kurzem leider verstorben ist, die in unserer Kirche bekannten Theologen Cottier aus Fribourg und Neufeld aus Rom; letzterer besorgte die deutsche Dokumentation des Symposiums.

In Erinnerung blieben mir besonders die Offenheit und die Atmosphäre dieses Dialogtreffens. Bei aller prinzipiellen Verschiedenheit und Unüberbrückbarkeit zwischen Marxismus und Christentum sahen sich dennoch beide Seiten mit einer Entwicklung konfrontiert, die in Ost und West scheinbar unaufhaltsam zum Hedonismus, Individualismus und Nihilismus fortzuschreiten schien. Die Teilnehmer des Symposiums erkannten, dass ethische Gleichgültigkeit den Nährboden für menschliche Destruktivität bildet. Zum ersten Mal sprachen sich marxistische Philosophen für eine weltanschauliche Koexistenz in der Gesellschaft aus. Zum ersten Mal gab es begründeten Anlass zu der Hoffnung, dass in naher Zukunft für christliche Bürger in einer sozialistischen Gesellschaft Gleichberechtigung garantiert werden könnte. Zur Gleichberechtigung eines christlichen Bürgers in einer sozialistischen Gesellschaft gehörte nach unserem Verständnis, dass Religion und Glaube nicht in einer den Christen diskriminierenden Weise definiert würden, sondern als zur menschlichen Existenzweise gehörig – im Sinne von „Bindung" – betrachtet würden; dass der Staat nicht im Christentum, sondern in der Gleichgültigkeit und Verantwortungslosigkeit der Masse seinen Gegner erkennen sollte. Unvergesslich ist mir der Satz von Jozef Lukacs im Gedächtnis geblieben, Christen und Marxisten würden in der Zukunft noch einmal froh sein darüber, wenn sich junge Menschen über das Thema „Gott oder ewige Materie" stritten, denn dann zeigten sie noch geistige Interessen; Milan Machovec war das sicherlich aus dem Herzen gesprochen.

Die Atmosphäre: Hier muss ich bekennen, dass ich von einer großen Spannung erfasst war, wie die Begegnung mit den marxistischen Kollegen aus der DDR verlaufen würde, von denen ich manches gelesen hatte, denen ich aber noch nie begegnet war; die politischen Bedingungen hatten dies bisher nicht zugelassen. Jetzt sollte dies in Ungarn (!) geschehen. Würden mir Vertreter einer versteinerten, zur Weiterentwicklung unfähigen

Weltanschauung oder gar engstirnige Parteifunktionäre gegenüberstehen oder aufgeschlossene und kritische Denker?

Kliem und Klohr und andere hatten sich seit 1984 in der *Deutschen Zeitschrift für Philosophie* wiederholt um eine neue Sicht der Religion und der Christen in der Gesellschaft bemüht. So war ich nicht überrascht, in diesen beiden deutschen marxistischen Gesprächspartnern auf Menschen zu treffen, die sich durch eine fundierte Bildung, durch Bereitschaft zum Zuhören, durch Klugheit und Dialogbereitschaft auszeichneten. So konnte es zwischen uns zu weiteren Begegnungen kommen. Im Rückblick auf diese Zeit bleibt festzuhalten, dass sich der Beginn der geistigen Veränderungen gerade in Budapest abzuzeichnen begann. „Neues Denken" ist ja stets der Ausgangspunkt für Epochenwandel und gesellschaftlichen Umbruch. Doch unumstritten war dieses Symposium keinesfalls. Leszek Kolakowski, der mit der kommunistischen Partei gebrochen hatte, äußerte in London – im Gegensatz zu der von mir damals und dort vertretenen These –, dass eine „Weiterentwicklung des Marxismus-Leninismus" nicht zu erwarten sei. Ein Dialog zwischen Christen und Marxisten sei schon deshalb sinnlos, weil es eine marxistische oder kommunistische Ethik nicht gebe, denn die Moral würde stets den Interessen des Klassenkampfes untergeordnet.[18] Die Marxisten hätten mit ihren Dialogversuchen nichts anderes im Sinn, als „das Christentum für ihre (eigenen) Zwecke zu verwenden", diese kämen „einer antichristlichen Gewaltherrschaft gleich".[19] Tschechische Mitglieder der KP warnten vor einem neuen „Reformismus", ähnlich dem von 1967, als Marxisten mit der Paulusgesellschaft sprachen.[20] Die *Prawda* in Moskau veröffentlichte am 29. September 1986 einen umfangreichen

---

18 So berichtet die *Katholische Nachrichten-Agentur* vom 22.10.1986.

19 So zitiert im *Osservatore Romano* vom 31.10.1989.

20 So berichtete die *Katholische Nachrichten-Agentur* vom 30.08.1986.

Leitartikel mit der Überschrift: „Überzeugte Atheisten erziehen“. Die deutsche Übersetzung dieses Artikels (*Digest des Ostens* 10/86) hielten christliche Journalisten uns katholischen Teilnehmern in Budapest gleichsam unter die Nase und fragten: „Mit diesen Leuten wollt ihr hier einen Dialog veranstalten?“ In der KPdSU war die Zustimmung für einen solchen Dialog nicht allgemein, die Skepsis im Westen aber war auch unüberhörbar.

Mein eigener Beitrag befasste sich mit der Situation der Christen in der DDR, mit dem staatlich verordneten Atheismus, aber auch mit neuen Bewertungen von Religion und Christentum in der marxistischen Philosophie der DDR, die Grundlage für Veränderungen des Zusammenlebens von Christen und Nichtglaubenden in der Gesellschaft hätten werden können.[21] Er fand in den christlichen Gemeinden ein überwiegend positives Echo; kirchenleitende Persönlichkeiten in Berlin aber übten Kritik an einem Dialog, der durch meine Berufung zum Konsultor des Päpstlichen Rates ihrer Kontrolle entglitten war. Kardinal Meisner, der wenig Hoffnung auf Gorbatschow und auf einen gesellschaftlichen Wandel in der DDR setzte, warf mir „Blauäugigkeit“ gegenüber den realen Verhältnissen in der DDR vor. Die Staatssicherheit beschwerte sich schon zwei Tage nach dem Ende der Tagung bei dem für Kirchenpolitik zuständigen Prälaten Gerhard Lange über mich; ich hätte – so die italienische Presse – von einer „Heimatlosigkeit der Christen in der DDR“ gesprochen, was so nicht zutraf.[22]

---

21 Vgl. *Theologisches Jahrbuch 1991* (Anm. 3), 357–371.

22 Die Zeitung *Die Welt* vom 13.10.1986 schrieb, mein Referat hätte einen „heftigen Streit“ in der Pressekonferenz – an der ich nicht teilnahm – „über die Lage der Katholiken in der DDR“ ausgelöst. Kliem habe mich in Schutz genommen, ich hätte nicht von einem „Druck“ auf die Katholiken in der DDR gesprochen. Auch Kardinal Poupard sei gegen „Ausdrücke“, die „die Gegenseite beleidigten“, so zum Beispiel, wenn „die sozialistischen Länder“ als „Schande

Zurück blieb die Erkenntnis, dass nach einem langen Stillstand Sprachlosigkeit zwischen Christen und Marxisten wiederum überwunden werden konnte.[23] Über weltanschauliche Gegensätze hinaus erwies sich der Dialog über ethische, gesellschaftspolitische wie soziale Fragen als notwendig und gewinnbringend. Bedingung für das gegenseitige Verständnis wird auch in Zukunft die Vergewisserung über die eigenen geistigen Grundlagen sein. Ich muss aber auch wissen, wie sich der Partner selbst sieht und versteht. Dazu kommt, dass keine Seite durch Monopolanspruch auf Wahrheitserkenntnis die Probleme der heutigen Zeit einer Lösung näherbringen kann.

7. Dialogbereitschaft einzelner Philosophen

Seit 1984 fanden sich in der *Deutschen Zeitschrift für Philosophie* wiederholt staunenswerte Beiträge marxistischer Philosophen, welche die Basis für einen Dialog hätten bilden können.

---

unserer Zeit" bezeichnet würden. Die Zeitung wertet diese Äußerung als „Angriff" des Kardinals gegen den Papst, der die „Instruktion über die Befreiungstheologie" von 1984 unterzeichnet hatte, in welcher diese Formulierung enthalten ist. Ich habe mich in meinem Beitrag „Das gemeinsame europäische Haus" entschieden gegen diese und ähnliche Formulierungen gewandt: vgl. Anm. 2, *Deutsche Zeitschrift für Philosophie* 38 (1990), 411–421, bes. 412–414.

23 Eine Bewertung des Kolloquiums in Budapest seitens des Päpstlichen Rates findet sich im *Theologischen Jahrbuch 1991* (Anm. 3), 372–374. Vgl. auch *Herder Korrespondenz* 43 (1989), 546 und *Orientierung* vom 15.11.1986, 228–230. Die mir in diesem Bericht von Renata M. Erich zugeschriebenen „programmatischen Perspektiven" stammen nicht von mir, sondern von Wolfgang Kliem, den ich zitierte. Das Kolloquium ist in deutscher Sprache dokumentiert in: *Gesellschaft und ethische Werte. Christen und Marxisten im Gespräch*, hrsg. v. Karl Heinz Neufeld, Wien 1991.

Zum ersten Mal wurden Religion und Christentum nicht mehr herabsetzend dargestellt und Dialogbereitschaft einzelner Marxisten erkennbar. Der Jesuit Karl Heinz Neufeld und ich haben damals darüber referiert.[24]

Marxisten wie Christen waren überrascht, als 1982 F. Loeser, damals Wissenschaftstheoretiker in Berlin – bald danach aber in die USA emigriert –, sich zu „erkenntnistheoretischen Problemen des Glaubens" äußerte. Glaube sei keine „überholte Kategorie", er sei auch nicht mit Irrationalismus zu identifizieren. Der Mensch, der nur mit „verifiziertem Wissen auskommen wolle", besitze „ein begrenztes Gedankengut" und könne „seine Umwelt nicht adäquat beherrschen". Loeser trat dafür ein, Glaube als „philosophische Kategorie" anzuerkennen, andernfalls gerate man zu „Skeptizismus und Nihilismus". Der religiöse Glaube sollte – hier beruft er sich auf J. Kuczynski – in neuer Weise wissenschaftlich analysiert werden. Wann hatte man solche Gedanken in der Philosophie der DDR jemals gelesen? H. Seidel (Leipzig) trat 1984 dafür ein, den Begriff des Humanismus neu zu erarbeiten; wer meine, „mit einem Menschen anderer Denkrichtung fertig zu sein [...], trete die Humanität mit Füßen". Er weist auf die „verheerenden Folgen hin, wenn man glaube, Menschen mit humanistischer Gesinnung bekämpfen zu müssen, nur

---

24 K. H. Neufeld, *Stimmen der Zeit* 110 (1985), 644. Ich hielt einen Vortrag vor allen Philosophiedozenten an katholisch-theologischen Fakultäten am 03.01.1986 in Augsburg über das Thema: „Wahrheit – Wissenschaft – Fortschritt. Philosophie in der DDR, betrachtet aus christlicher Sicht", in: *Wahrheit in Einheit und Vielheit*, hrsg. v. Emerich Coreth, Düsseldorf 1987, 98–127; nochmals abgedruckt in *Theologisches Jahrbuch 1991*, Leipzig 1992, 220–244. Hier auch die Belege für den folgenden Abschnitt. Ein Echo von marxistischer Seite blieb leider damals aus.

weil sie keine Marxisten seien".[25] In einem Land, in dem betont wurde, der Begriff der Toleranz sei seiner Herkunft nach kein marxistischer Begriff, war es nicht selbstverständlich, Toleranz als einen Aspekt des Humanismus herauszuarbeiten.

Dies tat V. Wrona aus Berlin ebenfalls im Jahre 1984: Toleranz sei Grundlage eines Miteinander in der Gesellschaft und eines konstruktiven Dialogs. Mit Erstaunen vernahmen Christen damals ihre von Lessing hergeleitete These: Religion, Weltanschauung und Philosophie seien als synonym anzusehen; es gebe nur ein Kriterium für alle: das Wohl des Menschen. W. Kliem stellte in demselben Jahr fest, dass die Religionen und ihre Institutionen in der internationalen Öffentlichkeit hohe moralische Autorität besäßen; die christliche Ethik betrachte das menschliche Leben als den höchsten Wert in der realen Welt. Bei Christen sei eine anerkennenswerte Grundhaltung zu den Wissenschaften und zu den großen Problemen in der Welt anzutreffen. Im Jahre 1985 sprachen sich H. Lutter und O. Klohr gemeinsam für echte Toleranz in der Gesellschaft aus, für gegenseitigen Respekt, für die Ablehnung jeglichen Kulturkampfes und administrativer Maßnahmen gegen die Religion sowie der Verletzung religiöser Gefühle; im Sozialismus existiere kein atheistischer Staat, der Gläubige und Kirchen unterdrücke. Wiederum H. Seidel fragte 1987 nach der Aufgabe der Philosophie; sie sei einem neuen Denken von Menschen verpflichtet, „die der Zusammenarbeit, nicht der Konfrontation das Wort reden". Geradezu befreiend für uns Christen wirkte die von W. Kleinig/G. Stiehler vertretene These, die

25 [Vgl. Helmut Seidel, Gedanken zum Begriff und zur Geschichte des Humanismus, in: *Deutsche Zeitschrift für Philosophie* 32 [1984], 748–755, 750 – die Hrsg.].

Bestimmung der Religion als Opium sei eine „absurde Verkürzung", da sie beinhalte, Religion sei zu bekämpfen.[26]

Neues Denken bahnte sich demnach auch in der DDR in diesen achtziger Jahren an; leider ließen sich die Funktionäre der Macht von ihm nicht beeinflussen. Je näher das Jubeljahr 1989 heranrückte, desto geringer wurden die Erwartungen der Bürger gegenüber der Politik der DDR. Die Gedanken der zum Dialog bereiten Philosophen breiteten sich zumindest unter der Intelligenz aus. Ich erinnere an die Ehrenpromotion von Klaus Gysi in Jena am 9. April 1987 und an seinen Aufsehen erregenden Vortrag, in dem er mit der Religionskritik des versteinerten, offiziellen Marxismus-Leninismus hart ins Gericht ging. Leider habe ich diese Rede bisher nicht im Druck gefunden. Dialog zwischen Christen und Marxisten wurde bis zum Ende der DDR von kirchlichen wie staatlichen Funktionsträgern beargwöhnt und Publikationen darüber kaum erlaubt. Aus meinem Erleben kann ich berichten, dass der Leipziger St. Benno-Verlag zunächst versuchte, einen Teil der in Budapest gehaltenen Vorträge herauszugeben, was aber am Einspruch sowohl kirchlicher wie staatlicher Stellen scheiterte. Der Versuch, den Beitrag über die Philosophie in der DDR im *Theologischen Jahrbuch 1988* abzudrucken, wurde staatlicherseits mit folgender Begründung abgewiesen: „Die Zensoren [...] stimmten dem Verfasser in allen Punkten zu. Aber sie hielten eine Veröffentlichung für verfrüht,

---

26 Auch auf die Beiträge von Seidel und Kleinig/Stiehler habe ich in Klingenthal als Zeichen der Hoffnung für die Christen in der DDR hingewiesen: Vgl. Anm. 2, *Deutsche Zeitschrift für Philosophie* 38 (1990), 411–421, bes. 416 f. Vgl. auch den differenzierenden Beitrag von W. Kleinig, „Lehre und Forschung von Religion und Atheismus an der Sektion/Institut für Philosophie der Humboldt-Universität zu Berlin (1980–1990)", in: *Berliner Dialog-Hefte* 2 (1994),18-30.

da zu befürchten sei, dass dies die Position der Andersdenkenden in den eigenen Reihen stärke".[27]

8. Dialog an der Basis

Regelmäßig bot ich den Studenten Seminare über philosophischen Atheismus an. Die Studenten äußerten dabei nicht selten den Wunsch, nicht nur über Atheismus, sondern auch mit Atheisten zu reden. Neben einem Dozenten der Bauhochschule Weimar und einem Architekten aus Erfurt, beide Mitglieder der SED, ließen sich die Dozenten für Philosophie Dr. Franklin Borrmann in Jena und aus Leipzig Dr. Roland Krayer für dieses Unternehmen gewinnen. Diese Dialoggespräche waren für beide Seiten stets fruchtbar und unvergesslich.[28]

Offizielle Besuche oder Einladungen an unsere kirchliche Hochschule von philosophischen Fakultäten in der DDR sind nie ergangen, allerdings auch nicht in umgekehrter Richtung. Hier galt die strenge Trennung zwischen Kirche und Staat. Nur einmal habe ich auf indirektem Wege ein Echo auf zwölf Artikel, die ich in unserer Kirchenzeitung *Tag des Herrn* über weltanschauliche Themen publiziert habe, vernommen. Dieter Wittich, der bekannte Erkenntnistheoretiker in Leipzig, hatte diese meine Auseinandersetzungen mit dem Marxismus-Leninismus zur Kenntnis genommen, meiner Darstellung Objektivität bescheinigt und sein Interesse an einem Gespräch bekundet (Mitteilung von Dr. Krayer). Leider ist es dazu nie gekommen.

Mit Wolfgang Kliem, der mir in Budapest ein offenes Ohr für mögliche Probleme versprach, kam es im Mai 1987 zu einer

---

27 Vgl. *Theologisches Jahrbuch 1991* (Anm. 3), 15.

28 Borrmann hatte über den „sozialkritischen Katholizismus" promoviert, Krayer über das Religionsverständnis von Karl Marx. An die Dialogbereitschaft beider denke ich gern zurück.

Begegnung in Berlin, zusammen mit Prälat Lange. Anlass dafür bot die seinerzeit vorgenommene Neuerarbeitung der Schulbücher in der DDR. Einige unserer Studenten hatten im Fach Pastoraltheologie oder in Philosophie Diplomarbeiten darüber angefertigt, in welcher Weise Christentum und Kirchen in den Schulbüchern der DDR behandelt wurden. Wir stellten fest, dass von einer objektiven Darstellung nicht die Rede sein konnte, beziehungsweise dass das Christentum in seinem Beitrag für unsere Kultur und in seinem Einsatz für Caritas und Diakonie totgeschwiegen wurde. Wir erhofften uns Einflussnahme von dem von Kliem geleiteten Institut auf die Erarbeitung der Schulbücher, wir ersehnten uns ein Zeichen dafür, dass unsere Schüler und Studenten in der DDR als gleichberechtigt angesehen und behandelt würden. Leider verlief dieser Versuch erfolglos. Kliem nahm nur widerstrebend das von uns vorbereitete Material entgegen und äußerte seine Ohnmacht gegenüber dem von Margot Honecker geleiteten Ministerium. Im Mai 1990 teilte er mir mit, dass er sich mit Gedanken trage, eine moderne marxistische Religionstheorie auszuarbeiten. Meinen Artikel in der *DZPH* 5 (1990) habe er „mit Bewegung" gelesen, weil er sich und sein Anliegen darin wiedergefunden habe. Eine seiner Fragen lautete: „[...] kann man die katholische Soziallehre anerkennen, ohne sich als Marxist aufzugeben?" Und: „Muss man sein Christsein verleugnen, um die Gesellschaftserkenntnisse von Marx akzeptieren zu können?" Mir war es damals nicht möglich, die Kontakte aufrecht zu erhalten, was ich im Nachhinein bedauere. Von großem Interesse wäre es für viele Christen, die in der DDR groß geworden sind, zu erfahren, was sich in dem für die Ideologie zuständigen Machtbereich wirklich zugetragen hat.

War Kurt Hager allmächtig? Gab es innerhalb der Partei Diskussionen oder Kritik an der offiziellen Ideologie? Wurden diejenigen, die sich in den Raum der Kirche wagten, zur Raison gerufen? Wie denken damals Verantwortliche im Bildungs- und

Erziehungswesen heute über die Behandlung und die nicht seltene Diskriminierung von Christen in der Gesellschaft, über Ausgrenzung und zerstörte Lebensläufe nur auf Grund ihrer religiösen Überzeugung? Wo ist so etwas wie Unrechtsbewusstsein oder Suche nach Wiedergutmachung und Versöhnung anzutreffen?[29]

Das Kolloquium in Budapest hatte Aufmerksamkeit über die Grenzen unserer kleinen Kirche hinaus erregt. Es erfolgten an mich Einladungen zu ökumenischen Veranstaltungen u. a. nach Leipzig, Görlitz, Ilmenau, Dresden, Halle, Magdeburg, Erfurt. Hunderte von Zuhörern fanden den Weg zu diesen Veranstaltungen. Zum Teil gelang es, marxistische Dialogpartner zu gewinnen. In Görlitz war es Prof. Rolf Fritsch, Technische Hochschule Zittau, in Ilmenau Prof. Klaus Roemer, in Dresden

---

29 Von Interesse für Christen ist die Diskussion innerhalb der PDS heute. Bereits im März 1990 teilte die PDS ihre „Positionen [...] zu Gläubigen, Religionen, Kirchen und Religionsgemeinschaften“ mit. Welchen Stellenwert erlangte – so fragen Christen – dieses Papier innerhalb der Partei? Ist es ein Beschlusstext der Partei? Gilt für die Partei insgesamt die Aussage, dass die PDS „differenziert, kritisch und ehrlich die vergangenen Jahrzehnte mitaufarbeiten wird“, dass sie sich von Vereinfachungen distanziert wie der, dass „religiöser Glaube nur Opiat oder Fremdkörper in der Gesellschaft sei“? In dem Papier der Grundsatzkommission *Alternativen sind möglich* (o. J.) wird eingeräumt, dass für viele Mitglieder der PDS die selbstkritische Auseinandersetzung mit der eigenen Geschichte „bei weitem“ nicht abgeschlossen sei; hier sei „eine kritische Bewertung der Politik der SED gegenüber den Kirchen“ eingeschlossen; die „Resultate dieser Auseinandersetzung“ seien „umfangreich“, „in der Öffentlichkeit aber wenig bekannt“ (5). Der Diskussion wert ist auch die These G. Gysis, es müsse Einheit innerhalb der PDS darüber herrschen – wie schon von der Partei im Dezember 1989 zum Ausdruck gebracht –, dass „der Dogmatismus zum Scheitern des ersten sozialistischen Versuchs beigetragen“ habe (in: PDS, *Mitteilungen*, Nr. 6, Mai 2000).

Prof. Wolfgang Heyden, in Erfurt Prof. Olof Klohr; sie stellten sich freimütig dem Dialog. Diese Abende hinterließen, so schrieb mir ein Görlitzer Arzt danach, „eine Spur der Hoffnung und des Mutes". Es sei „brüderlich und intelligent zugegangen"; ohne uns Christen werde man in der DDR den „Sozialismus nicht aufbauen können" (Prof. Dr. med. P. Stosiek am 29.03.1987 in einem Brief an mich).

Das Treffen im Erfurter Johannes-Lang-Haus, zusammen mit Klohr, fand am 21. April 1988 statt. Es stand unter dem Motto: „Christlicher Glaube und marxistische Weltanschauung im Gespräch". Der 350 Plätze fassende Saal war bereits eine halbe Stunde zuvor besetzt. Die Veranstaltung musste mit Lautsprechern in den Vorraum übertragen werden. Kirchliche Korrespondenten notierten in ihrem für die Zeitungen gedachten Beitrag „atemlose Stille" und „starke innere Beteiligung" der Zuhörer. Sie sahen in dieser Begegnung „Modelle", die „den fruchtbaren Dialog zwischen Marxisten und Christen ermöglichen und weiterführen" könnten. Aber staatliche wie kirchliche Presseorgane lehnten eine Berichterstattung ab. Ein für das *St. Hedwigsblatt* in Berlin erstellter Bericht wurde von der Redaktion mit dem Hinweis zurückgesandt, eine „Veröffentlichung sei nicht opportun". *Das Volk* in Erfurt lehnte das Manuskript ab mit der Begründung, einige „theoretische Auslassungen" in dem vom Moderator der Veranstaltung, dem evangelischen Pfarrer Roland Weißelberg, erstellten Bericht entsprächen „nicht der marxistisch-leninistischen Auffassung, die wir als Organ der SED öffentlich zu popularisieren und zu vertreten haben. Wir wären also gehalten, dagegen zu polemisieren. Diese Art öffentlicher Polemik liegt nicht in unserem Interesse. Gez. Heinz Heß, Redaktion, Abt. Massenverbindung" (Schreiben vom 24.06.1988). Berichte der Stasi über die Dialogtreffen in Görlitz und Erfurt offenbaren eine gewisse Unsicherheit und

Ratlosigkeit; man ahnte offensichtlich noch nicht, wie weit der Zeiger der geschichtlichen Stunde bereits vorangeschritten war.

9. Ausblick

Wir leben gegenwärtig in einer Zeit des Übergangs, vor allem im Osten Deutschlands. Das spannungsreiche Beziehungsgeflecht zwischen Marxisten und Christen in der DDR wird erst allmählich historisch durchleuchtet und aufgearbeitet. Meine Ausführungen wollten die sorgfältige und lesenswerte Dissertation von Frau Simone Thiede unter dem Aspekt konkreter Erfahrungen ergänzen. Erkenntnisse, die wir – Christen wie Marxisten – aus unserer gemeinsamen Geschichte gewonnen haben, könnten wir mitnehmen, um das Verständnis von Humanismus und gelebter Humanität zu befördern. Eindrucksvoll hat Machovec jüngst geschildert, wie ihn die Begegnung mit dem Christentum und seiner Kultur in jungen Jahren geprägt hat und wie er oft Theologen als Gesprächspartner suchte und von diesen gesucht wurde. Die große Frage von Machovec ist die nach einem Menschenbild, das Fundament des Zusammenlebens in der Gesellschaft der Zukunft sein könnte. Jede Gesellschaft ruht auf geistigen Strukturen, die – weil sie in heutiger Zeit weder allein vom christlichen noch allein vom marxistischen Denken vorgegeben werden können – in einem Konsens entwickelt werden müssen.

Konkret heißt das: Das Menschenbild, dem das Grundgesetz ebenso wie die Erklärung der Menschenrechte verpflichtet sind, hat eine christlich-humanistische Tradition zur Voraussetzung. In ihm wird der Mensch als Person betrachtet, die einmalig, unverletzbar und unaustauschbar ist. Sie besitzt unantastbare Rechte innerhalb der Gesellschaft, ihr sind Pflichten übertragen gegenüber dem *bonum commune*. Zur Entfaltung und Vervollkommnung der personalen Anlagen hat die Gesellschaft die erforderlichen Bedingungen zu gewährleisten. Kann ein

Grundkonsens dieser Art, wie auch für die fundamentalen ethischen Prinzipien und die allgemeingültigen Werte im Zusammenleben, gefunden werden? Bleibt der Marxist in seinem Denken dem Bild vom Menschen primär als Gattungswesen und als „ensemble der gesellschaftlichen Verhältnisse" verhaftet? Welche Gesellschaft wollen wir, welches Grundgesetz, welches Menschenbild und welche Art von Humanismus? Für Machovec stellt es kein Problem dar anzuerkennen, dass für den Christen die Frage nach dem Menschen mit der Frage nach Gott beantwortet wird. Religion ist in der Gesellschaft, in der wir jetzt leben, keine staatliche, wohl aber eine öffentliche Angelegenheit. Erkennen Marxisten an, dass die Kirchen zur Sinn- und Wertevermittlung in der Bundesrepublik einen unverzichtbaren Beitrag leisten, dass Christen wie Nichtchristen eine gemeinsame geschichtliche und kulturelle Herkunft haben?[30]

Die Frage an uns Christen lautet: Werden wir auf Grund erfahrener Verletzungen den Dialog mit Marxisten meiden oder sie nun unsererseits an den Rand der Gesellschaft zu drängen versuchen? Erkennen wir an, dass es in der Arbeiterbewegung ein berechtigtes Streben nach sozialer Gerechtigkeit gegeben hat, um die sich der Marxismus mühte? Sind wir uns unserer eigenen Versäumnisse und unseres Fehlverhaltens im Umgang mit Andersdenkenden bewusst? Können wir unvoreingenommen und gemeinsam einen Dialog darüber führen, was von Marx, was vom Marxismus- und vom Sozialismusideal Bestand haben wird?

---

30 Vgl. meinen Beitrag „Humanismus: eine Brücke zwischen Christen und Nichtchristen? Gedanken über die Grundlagen für ein Zusammenleben in säkularer Gesellschaft", in: *Zeiten des Übergangs. FS für Franz-Georg Friemel* (*EThSt* 80), hrsg. v. Bertram Pittner/Andreas Wollbold, Leipzig 2000, 106–118.

Machovec hat Recht: Die Gefahr für „unsere abendländische und dann die ganze Zivilisation“ liegt nicht in unterschiedlichem Denken, sondern in der Gefahr einer „absoluten Apathie“, in der „allgemeinen Gleichgültigkeit“, im „schrankenlosen Individualismus“.[31] Diese Gefahr kann nur durch das Zusammenwirken aller Menschen guten Willens überwunden werden.

31 M. Machovec, *Die Frage nach Gott als Frage nach dem Menschen* (Anm. 6), 21.

III. Weltanschauliche Strukturen in der DDR und die Folgen für die Existenz der katholischen Christen[1]

Einführung

Die Schwierigkeiten des Einigungsprozesses in Deutschland sind größer als bisher vermutet. Der politischen Vereinigung am 3. Oktober 1990 sollte die rasche Angleichung der Wirtschaft und der sozialen Lebensverhältnisse seitens der neuen Bundesländer an die alten folgen. Niemand vermag heute vorherzusagen, wann diese Einheit vollendet sein wird. Sie setzt das geistige Zusammenwachsen aller Deutschen in Ost und West voraus; erst die kommende Generation wird das Gelingen dieses Prozesses erleben.

Jeder Gestaltung von Politik, Wirtschaft und sozialen Bedingungen liegen geistige Strukturen zugrunde. Diese stärker in den Blick zu rücken, ist das Ziel dieser Expertise. Die Kenntnis dieser Strukturen könnte zur Erklärung mancher gegenwärtiger Krisen dienen und dem gegenseitigen Verständnis der Menschen in Ost und West nützlich sein. Der Gestaltung der „DDR-Gesellschaft" liegt die Konzeption der marxistisch-leninistischen Weltanschauung voraus, die jede Pore des kollektiven und des individuellen Lebens zu durchdringen suchte. Mit diesen Grundprinzipien waren nicht nur die Christen in der DDR konfrontiert, sondern

---

1 Dieser Aufsatz von Konrad Feiereis wurde zuerst veröffentlicht in: Deutscher Bundestag (Hrsg.), *Materialien der Enquete-Kommission ‚Aufarbeitung von Geschichte und Folgen der SED-Diktatur in Deutschland', (12. Wahlperiode des Deutschen Bundestages)*, neun Bde., in 18 Teilbänden, Frankfurt/M.1995, Bd. VI, 1, 583–614.

alle Bürger. Das gesamte System der Bildung und Erziehung war dieser Doktrin unterworfen; niemand konnte sich äußerlich in eine völlige Neutralität zurückziehen.

In dieser Untersuchung wird die These vertreten, daß nur ein quantitativ geringer Teil der Bürger überzeugte Kommunisten gewesen sind; nicht einmal von allen Mitgliedern der SED – es waren zuletzt ca. 2,5 Millionen – kann dies behauptet werden. Im Gegensatz dazu übte aber die Indoktrination des Marxismus-Leninismus eine Wirkung aus, welche noch über Jahrzehnte schwerwiegende Folgen zeitigen wird.

Kultur und Geistesleben in Deutschland waren bis 1933 bzw. 1945 weitgehend von den Traditionen des Christentums und des Humanismus geprägt. Eine Messe von Bruckner, ein Psalm, vertont von Brahms oder Reger, hatten Platz in dem Bildungshorizont auch dessen, der nicht die Kirche besuchte. Auch der Nichtchrist war vertraut mit dem religiösen Hintergrund der Werke von Dostojewski, Leo Tolstoi oder der Josephs-Trilogie von Thomas Mann. Die Darstellungen biblischer Erzählungen von Lukas Cranach d. Ä. im Schloß zu Weimar erkannte in ihrem Sinn jeder, der durchschnittliche Bildung besaß. Zwei Diktaturen haben dazu geführt, daß sich im Osten Deutschlands der kulturelle Horizont völlig verändert hat. Es ist abwegig, die Diktatur des Nationalsozialismus mit der des Kommunismus auf eine Stufe stellen zu wollen – ersterer lag keine Philosophie, sondern ein irrationaler „Blut- und Bodenmythos“, verbunden mit dem verbrecherischen Antisemitismus zugrunde –, dennoch ist beiden gemeinsam ihre prinzipielle Gegnerschaft zum Christentum.

Die Geschichte der Bürger, welche die vier Jahrzehnte „DDR“ erlebten, ist eine andere als nur die Geschichte einer gescheiterten Politik und Wirtschaft. Die Geschichte der Kirchen und der Christen in der DDR ist eine andere als nur die Geschichte von Kirchenfunktionären und ihren Kontakten mit der Regierung oder der Staatssicherheit. Um diese Geschichte und damit auch die Schwierigkeiten des „Zusammenwachsens“ zu begreifen, bedarf es des Verständnisses dafür, von welchen geistigen Grundlagen die DDR-Gesellschaft geprägt war. Der Anspruch der kommunistischen Ideologie an das Individuum war total, die Unterwerfung des einzelnen unter sie aber nicht. Nur ein geringer Teil der Bevölkerung eignete sich diese Weltanschauung in ihrer Ganzheit an, der größte Teil aber adaptierte sie sich partiell. Dies wird verständlich vor dem Anspruch der Ideologie, das Wahrheitsmonopol zu besitzen. Die Spuren des Bildungs- und Erziehungssystems werden der Generation, welche es durchlaufen und durchleiden mußte, anhaften, solange es sie gibt.

Dieses System sah in jedem geistigen Pluralismus eine Bedrohung seiner selbst. Wer in den vier Jahrzehnten der Diktatur nach einem alternativen geistigen Horizont in Kultur, Philosophie und Kunst suchte, war auf sich allein gestellt, es sei denn, er fand ihn in den Kirchen. So bestand das Ziel der Pädagogik ja nicht in der Vermittlung einer umfassenden humanistischen Bildung, sondern vielmehr in einer „Ausbildung“. Nicht produktives, schöpferisches Wissen und Lernen war gefragt, sondern zuerst Rezeption und Reproduktion des vermittelten „Stoffes“. Neben der fachlichen Leistung wurde die Bekundung der weltanschaulichen „Parteilichkeit“, somit Kenntnis und oft auch das Bekenntnis zum Marxismus-Leninismus, benotet, was für die individuelle Existenz der DDR von entscheidender Bedeutung sein konnte. Das Ideal dieser Pädagogik war der Staatsbürger, welcher im Denken und Verhalten die Konformität zum System bewies und eine Funktion in der Arbeitswelt übernahm, die mit der Gesamtplanung übereinstimmte.

Letztlich setzt alle Bildung und Erziehung ein bestimmtes Menschenbild voraus, welches die geistigen und ethischen Einstellungen beeinflußt und prägt. Das Menschenbild des Marxismus-Leninismus dürfte der wichtigste Schlüssel für das Verständnis der Geschichte Ostdeutschlands seit 1945 sein. Diese

Doktrin intendierte einen endgültigen Bruch mit der christlich-abendländischen Kultur und Tradition und mit seinem Wertesystem. Daß dieses Ziel zu einem großen Teil erreicht wurde, beweist die Abkehr des überwiegenden Teils der Bevölkerung vom Christentum. Wenn auch die Säkularisierung im westlichen Teil Europas unaufhaltsam voranzuschreiten scheint, so ist dennoch die Entchristlichung Ostdeutschlands ein historisch gesehen einzigartiges Phänomen. Daß eine Region von der Größe der DDR innerhalb von nur vier Jahrzehnten dem Christentum geistig und kulturell derartig entfremdet werden konnte, dürfte in der Geschichte Europas ein unvergleichbarer Vorgang sein.

Da bisher verläßliche Statistiken nicht vorliegen, kann der Anteil der Nichtchristen an der Gesamtbevölkerung Ostdeutschlands nur grob geschätzt werden. Wir müssen damit rechnen, daß etwa 12 Millionen von den 16 Millionen Bewohnern der neuen Länder keinerlei Bindung zu den Kirchen mehr besitzen, ein erheblicher Teil sich sogar entschieden zum Atheismus bekennt. Da jede Gesellschaft von ihren geistigen Fundamenten geprägt ist, kann die Ablösung des Christentums durch atheistische, vom Marxismus hin zum Agnostizismus oder gar Nihilismus tendierende Anschauungen von Welt und Mensch nicht ohne Folgen sein.

Im April 1990 behauptete der ehemalige Staatssekretär für Kirchenfragen in der DDR, Klaus Gysi, die Staatsführung hätte mit der katholischen Kirche „kaum Auseinandersetzungen" gehabt; sie habe dem Staat gegenüber „eine Position distanzierter gegenseitiger Nichteinmischung und absoluter Staatsloyalität" eingenommen (Kirchliche Zeitgeschichte 1990, 464). Zu einem solchen Urteil kann nur gelangen, wer unter „Kirche" vor allem die mit Kirchenpolitik Beauftragten versteht, nicht aber den Bürger, der als Christ von den Kommunisten als der „Andersdenkende" bezeichnet und schon dadurch aus der Mehrheit ausgegrenzt wurde. Es ist unbestritten, daß die katholische

Kirche ihre Gläubigen nicht zum Sturz der Diktatur aufgerufen hat. Es unterliegt auch keinem Zweifel, daß evangelische Landeskirchen sich nicht selten mit größerem Mut der Probleme der Bürger, auch der Nichtchristen, angenommen und auf verschiedenen Synoden die Veränderung des Systems eingefordert haben. Dennoch muß – so lehrt es die Distanz zur Geschichte – vor generalisierenden Urteilen gewarnt und Differenzierung angemahnt werden.

Für das Verhalten der katholischen Kirche zu Staat und Gesellschaft waren deren Selbstverständnis von entscheidender Bedeutung. Dieses fand seinen Ausdruck in der Ideologie des Marxismus-Leninismus. In diesem Beitrag soll auf die wichtigsten Problemfelder der weltanschaulichen Auseinandersetzung hingewiesen werden, denn von ihnen wurde das konkrete Leben der Christen in der DDR unmittelbar und ständig tangiert. Es steht somit primär die thematische Konzentration im Vordergrund; die unerläßliche Bezüge auf historische Abläufe und Vorgänge sind auf ein Minimum begrenzt, da sie in anderem Zusammenhang dargestellt werden.

1. Gegensatz der Systeme – Gegensatz der Weltanschauungen

Die sowjetische Besatzungszone war 1945 noch eine Region, deren Bewohner sich zu etwa 90 % zum Christentum bekannten. Vor Kriegsende bildeten die Katholiken 6 % der Einwohner dieses geographischen Raumes, nach dem Einströmen der Flüchtlinge stieg ihr Anteil auf 12 % (*Kirchen*, 12), gegenwärtig dürfte er zwischen 4 und 5 % betragen. Je jünger die Bürger der neuen Bundesländer sind, desto weniger gehören von ihnen einer Kirche an.

1945 standen wir vor einem unermeßlichen Trümmerfeld, nicht nur äußerlich, sondern auch moralisch und geistig. In Ost und West richteten sich große Erwartungen auf die christlichen Kirchen, von denen man die entscheidenden Anstöße zu einer inneren Erneuerung Deutschlands erhoffte. Die Katholiken in der Diaspora der sowjetischen Besatzungszone und der nachmaligen DDR fühlten sich der einen Kirche in Deutschland zugehörig. Wir waren davon überzeugt, daß das kirchliche Leben bald wieder aufblühen werde.

1.1. Die Hoffnungen des Neubeginns

Neben den schrecklichen Erfahrungen, welche viele Deutsche mit Angehörigen der einmarschierenden sowjetischen Truppen machten – sie blieben bis heute im Gedächtnis haften –, regte sich auch die Hoffnung, daß wirtschaftliche und politische Fundamente für eine Gesellschaft geschaffen werden könnten, die in die baldige Wiederherstellung der Einheit Deutschlands münden würde. Schon im September 1945 wurde die erste große Bodenreform durchgeführt, wodurch 200.000 Flüchtlingsbauern eigenes Land bekamen. Angesichts von Millionen Vertriebener riefen die Bischöfe Deutschlands am 23.8.1945 dazu auf, denen, die heimatlos geworden waren, „ein gastliches Dach" zu bieten und „mit ihnen den Tisch" zu teilen (*Dok*, 5). Die sowjetische Militäradministration zeigte nicht selten gegenüber den Repräsentanten der katholischen Kirche erstaunlich wenig Vorbehalte und erwies sich als großzügig in der Erteilung von Genehmigungen, die das kirchliche Leben betrafen. Grund zur Hoffnung bot am Anfang auch die Demokratisierung des politischen Lebens.[2]

Vertreter der CDU wie Jakob Kaiser und Ernst Lemmer glaubten bis zu ihrer Ausschaltung 1947, einen „christlichen Sozialismus" verwirklichen zu können. Als am 7. März 1946

2 Literatur, die hier abgekürzt zitiert wird, ist am Ende des Beitrags aufgeführt.

die FDJ gegründet wurde, erhielten beide Kirchen durch je einen Geistlichen Sitz und Stimme sogar im Zentralrat. Die anfangs gehegte Zuversicht erlitt ihre erste große Erschütterung, als mit der Gründung der SED im April 1946 jeglicher Widerstand in der SPD brutal unterdrückt wurde. Dennoch kam es zu relativ freien Wahlen der Landtage im Oktober 1946, welche nach der Ansicht Kaisers eine Entscheidung zwischen Christentum und Marxismus herbeiführen sollten. Die CDU gewann ca. ein Viertel der Stimmen. Als 1948 Nuschke ihr Vorsitzender wurde, verlor sie ihre Unabhängigkeit und wurde von der SED instrumentalisiert. Im September 1950 erklärte Nuschke, daß die Kirchen in der DDR „kein Sonderdasein führen" dürften und fügte hinzu: „Ex oriente pax!" (5. Parteitag der CDU in der DDR). Im Oktober 1952 bestätigte die CDU den absoluten Führungsanspruch der SED und verstand sich seither als „einschränkungslos sozialistische Partei" (6. Parteitag; *Kirchen*, 15). Im Vordergrund dieser ersten Nachkriegsjahre stand bei den Menschen die Absicherung des Existenzminimums; den Absichtserklärungen der SED gegenüber verhielt sich der Großteil der Bevölkerung zunächst abwartend. Warum sollte man es – nach den zwölf schrecklichen Jahren – nicht auf einen Versuch ankommen lassen, eine sozialistische Gesellschaft zu errichten?

Die katholische Kirche verstand sich selbst von Anfang an als Kirche in protestantischer Diaspora. Volkskirche, damit Anwalt der Gesamtbevölkerung gegenüber dem Staat zu sein, diese Rolle fiel der evangelischen Kirche zu. Die katholische Kirche war zunächst darauf bedacht, Strukturen für kirchliches Leben zu schaffen und eine vom Staat unabhängige Ausübung von Verkündigung, Sakramentenspendung und Caritas vornehmen zu können. Die Gastfreundschaft der evangelischen Gemeinden, die den Katholiken ihren Kirchen uns Pfarrhäuser öffneten, stellt bis heute ein unvergleichliches Zeugnis für gelebte Ökumene dar.

Eine der Grundfragen, welche sich Christen in der DDR während der vier Jahrzehnte ständig stellen mußten, war die nach ihrem Ort in der Gesellschaft. Die katholische Kirche schenkte dabei den weltanschaulichen Problemen eine besondere Aufmerksamkeit. Lehramtliche Verurteilungen des Kommunismus reichen bis in das Jahr 1846 zurück, also noch in die Zeit vor dem Erscheinen des *Kommunistischen Manifestes* (*Denzinger*, 2782). Auch den Christen in der Arbeitswelt und „vor Ort" betraf die Frage nach dem Verhältnis zwischen Christentum und Marxismus unmittelbar.

Die Strategie der SED lief darauf hinaus, die Christen zu spalten. Die SED unterschied zwischen den fortschrittlichen und den dem Sozialismus gegenüber feindlich eingestellten Christen. Während die Taktik variabel gehandhabt wurde und von der Tagespolitik beeinflußt war, blieb diese Strategie im Ganzen unverändert. Gemäß ihrer eigentümlichen Auffassung von Dialektik bestand eine Grundunterscheidung der SED darin, die Welt in das Reich des Kapitalismus und das des Sozialismus einzuteilen. Der historische Materialismus suchte die gesamte Geschichte der Menschheit mithilfe dieser Kategorien zu interpretieren und als einen ständigen Kampf der Systeme darzustellen. Der einzelne Bürger wurde so vor die unausweichliche Entscheidung gestellt, in diesem „Klassenkampf" Partei zu ergreifen.

1.2. Die DDR – ein „Weltanschauungsstaat"

Verhängnisvoller aber war die Verknüpfung des jeweiligen gesellschaftlichen Systems mit einer philosophischen Grundrichtung, dem Idealismus oder dem Materialismus. Die Identifizierung des Sozialismus mit der Weltanschauung des dialektischen Materialismus mußte jeden Christen, der in der DDR leben und sich einbringen wollte, vor die Existenzfrage stellen. Der dialektische Materialismus beinhaltete unzweifelhaft den Atheismus;

wie kann, wer an Gott glaubt, ein System bejahen, welches sich als atheistisch begreift? Vom Anfang bis zum Ende der DDR wurde besonders vom jungen Bürger auch in der Frage der Weltanschauung „Parteilichkeit", also die Entscheidung für Idealismus oder Materialismus in unerbittlicher Weise eingefordert. Hier liegt eine der wesentlichen Ursachen dafür, daß schon bis zum Bau der Mauer im Jahre 1961 Hundertausende überzeugter Christen die DDR verließen; daß das Erreichen genau bestimmter gesellschaftlicher Positionen verhindert wurde und Lebensschicksale zerbrachen; daß in der Frage nach der Grenze der Anpassung kaum beschreibbare Gewissenskonflikte heraufbeschworen worden sind.

Woher stammt diese Verknüpfung zwischen dem politischen Ideal, eine sozialistische Gesellschaft zu errichten, mit einer geradezu versteinerten Weltanschauung, welche sich absolut setzte und ihrem Wesen nach intolerant sein mußte? Es ist keine Frage mehr, daß die Philosophie von Marx und Engels den Atheismus impliziert; zu streiten wäre darüber, ob sie von Beginn an so statisch und jeder Korrektur unfähig konzeptioniert gewesen ist. Zweifellos hat Lenin die atheistischen Elemente in dieser Weltanschauung aufs äußerste zugespitzt und Stalin daraufhin die Systematisierung dieser Ideologie vorgenommen und das Lehrgebäude des „Marxismus-Leninismus" geschaffen. Die Abkehr von Stalin unter Chrustschow sollte verbunden sein mit dem Ende des Personenkultes und der Offenlegung seiner Verbrechen; schon diese Vorhaben scheiterten im Ansatz. Zwar verschwanden auch die Werke Stalins in der Versenkung, eine Korrektur des von ihm geschaffenen ideologischen Systems versuchten jedoch nur wenige – z. B. Adam Schaff, Leszek Kolakowski, Georg Lukács, Ernst Bloch –; sie erzielten keine Wirkung außer der, daß sich die Partei von ihnen lossagte oder sie selbst ihr den Rücken kehrten. Es gehört zu den Merkwürdigkeiten der Geistesgeschichte des 20. Jahrhunderts, daß die stalinistischen

Strukturen des Marxismus-Leninismus im Westen nur wenig, im Ostblock gar nicht thematisiert worden sind. Weil die Person und die Werke Stalins nach seinem Tod gleichsam „verbannt" waren, ist nur wenigen bewußt, wie sehr der Geist Stalins in diesem Lehrgebäude bis zuletzt präsent gewesen ist.

In der katholischen Kirche der DDR wurde nie daran gezweifelt, daß die Ideologie der Politik übergeordnet war. Von entscheidender Bedeutung für die konkrete Politik und damit für das Leben des Christen im Alltag waren die theoretisch-ideologischen Passagen in den Parteitagsbeschlüssen, in den Veröffentlichungen von Politbüro und Zentralkomitee sowie der pädagogischen Kongresse u. ä. Wenn irgendetwas Glauben verdiente an den Äußerungen der SED, dann die Ernsthaftigkeit, welche hinter der Ideologie stand. Besonders die Bischöfe Spülbeck von Meißen, Aufderbeck von Erfurt und Kardinal Bengsch in Berlin schenkten den Entwicklungen, welche die Ideologie durchlief und von denen nicht nur Kunst, Kultur und Literatur, sondern nicht zuletzt die Kirchen betroffen waren, höchste Beachtung.

1.3. Die Verweigerung weltanschaulicher Koexistenz

Während in der Politik und in der Wirtschaft Phasen der Konfrontation mit denen der Koexistenz abwechselten, wurde eine Koexistenz von bürgerlicher Ideologie mit der Weltanschauung der Kommunisten auf das schärfste verneint. Daran änderte sich auch nichts während der letzten Jahre und Monate vor der Wende. Zwar wurde das von SPD und SED erarbeitete Dokument „Der Streit der Ideologien und die gemeinsame Sicherheit" von kirchlichen Gruppen stark beachtet; es ließ teilweise auch neue Hoffnungen aufkommen. Diese aber wurde zunichte gemacht durch den für die Ideologie Verantwortlichen im Politbüro, Kurt Hager, der am 10. Juni 1988 erklärte, daß das

Dokument „klar und eindeutig die ideologischen Unterschiede" einander entgegenstellte: „Für ideologische Koexistenz oder für eine Konvergenz der beiden Gesellschaftssysteme läßt das Dokument keinen Raum", vgl. *Neues Deutschland* vom 29./30.10.1988, 11).

Für Christen mußte es besonders entmutigend sein, daß in den Phasen der Kooperation zwischen Ost und West die These verbreitet wurde, Konsequenz der politischen Entspannung sei die Verschärfung des „ideologischen Kampfes". Die Koexistenz verschiedener Weltanschauungen wurde von den „Verwaltern der Wahrheit" gleichgesetzt mit der Tolerierung von Kapitalismus und Imperialismus. In keiner Phase der DDR-Geschichte waren Hoffnungen auf Änderungen der ideologischen Grundpositionen gerechtfertigt; die Theorie bestimmte letztlich über die Politik. Es war insofern nur konsequent, daß sich Kurt Hager und Margot Honecker – letztere übte im Bildungs- und Erziehungswesen unumschränkte Herrschaft aus – auch den Ansätzen eines „neuen Denkens" im Sinne Gorbatschows verweigerten.

Weil die Negierung weltanschaulicher Koexistenz die Kirchen und die Christen unmittelbar betraf, mußten sie Strategien des Überlebens in diesem Staat entwickeln. Die Verantwortlichen in der katholischen Kirche hatten nie die Hoffnung, daß sich die von der Ideologie geprägte Wesensstruktur des Staates ändern könnte. Sie suchten daher keinen Dialog mit den Vertretern von Partei und Staat über prinzipielle Fragen, denn diese schienen durch das marxistisch-leninistische Lehrgebäude ein für alle Mal beantwortet zu sein. Weil die katholische Kirche ernst nahm, was der Sozialismus und Kommunismus in seinem Selbstverständnis zum Ausdruck brachte – wohl mehr als jede andere Institution –, konnte sie zu keinem Zeitpunkt ihre Rolle in der Gesellschaft als „Kirche im Sozialismus" verstehen oder gar definieren. Sie war nach außen hin peinlich darauf bedacht, jeden Kontakt von Vertretern der Kirche mit Vertretern von

Staat, Partei und Organisationen der Gesellschaft zu vermeiden oder genau unter ihrer Kontrolle zu behalten. Sie machte auch wenig Unterschiede zwischen der SED und den Blockparteien, einschließlich der CDU. Ob und inwieweit einzelne Vertreter der katholischen Kirche ihren Verhandlungsauftrag überschritten haben, müssen die Ergebnisse der Untersuchungen noch erweisen. Die These, daß sich die katholische Kirche von 1945 an auf ein „Überwintern" in der Gesellschaft eingerichtet habe und prinzipiell an dieser Kirchenpolitik festhielt bis zur Wende, dürfte ihre Berechtigung besitzen.

1.4. Die bürgerliche Ideologie als philosophischer Idealismus

Unter dem Oberbegriff „bürgerliche Ideologie" faßte der Marxismus-Leninismus alle philosophischen, religiösen und weltanschaulichen Richtungen zusammen, welche die materialistische Deutung der Welt und des Menschen ausschlossen oder sich ihr nicht anschlossen. Der Begriff „Idealismus" war damit von vornherein negativ besetzt. Andere als diese beiden Grundströmungen des Denkens kommen in diesem geistigen Horizont nicht vor. Als entscheidend wurde angesehen, ob die Welt von einem materiellen oder geistigen Prinzip hergeleitet wurde. Primat des Geistes oder Primat des „Bewußtseins": hierin bestand die „Grundfrage der Philosophie". Die Menschen mit religiöser Überzeugung wurden der Richtung des sogen. „objektiven Idealismus" zugeordnet, da der philosophische Idealismus als „theoretische Begründung" und als „theoretischer Ausdruck" der Religion bezeichnet wurde. Diese Klassifikationen führten dazu, daß die philosophischen Lehrbücher in der DDR unter diesem Aspekt unversöhnlichen Gegensatz zur Religion betonten. Stereotyp treffen wir auf den Vergleich vom „Kampf" des

Materialismus gegen den Idealismus mit dem „Kampf" der Wissenschaft gegen die Religion.

Den jungen Menschen sollte Geschichtsverständnis einzig mit Hilfe des Begriffspaars „Materialismus-Idealismus" vermittelt werden. Als Grund für das Entstehen des Idealismus wurden ökonomische und soziale Verhältnisse in der jeweiligen Gesellschaft angeführt, vor allem der Gegensatz zwischen körperlicher und geistiger Arbeit. Das Aufkommen verschiedener Klassen, von Privateigentum und jeglicher Ausbeutung habe hierin die geistige Wurzel. So gelangte man zu der Formel, daß der Kampf der Weltanschauungen geradezu die Verkörperung des Klassenkampfes sei.

Dieser Theorie gemäß konnte sich ein Christ niemals völlig mit der sozialistischen Gesellschaft identifizieren, er galt andererseits in den Augen überzeugter Marxisten-Leninisten als stigmatisiert und nicht selten als potentieller Feind. Die Inhumanität des Regimes erreichte in der Art dieses Denkens einen ihrer Höhepunkte. In den Bereichen des staatlichen und gesellschaftlichen Lebens wurden diese Klassifizierungen wirksam und führten schmerzliche Ausgrenzungen herbei. Es war nicht möglich, das politische oder soziale System der DDR zu akzeptieren, ohne dessen Grundlagen mitzubejahen, das aber bedeutete Verrat und Verleugnung des eigenen Glaubens. Unter diesen Voraussetzungen wurde nicht nur weltanschauliche Neutralität als Parteinahme für den Klassenfeind gedeutet, es wurde damit auch jeder Versuch zum Scheitern gebracht, irgendeine nur denkbare Art von „religiösem Sozialismus" zu vertreten.

Die Ablehnung einer jeden Form von „religiösen Sozialismus" geht auf Lenin zurück. Dieser schrieb schon 1913 an Gorki, christliche Sozialisten verkörperten „die schlimmste Art des Sozialismus und seine schlimmste Entstellung". Anfang der 70er Jahre suchte Dom Helder Camara einen dritten Weg zwischen Kapitalismus und Kommunismus. Dieser Bischof, dessen

Haus nie verschlossen war und dessen Mitarbeiter erschossen wurden, stellte in seiner Person und mit dem Zeugnis seines Lebens eine Bedrohung für den „real existierenden Sozialismus" dar. Camara wollte dokumentieren, daß das Christentum nicht Opium für das Volk sei und griff diese Formulierung Lenins und damit die feindselige Einstellung der Marxisten-Leninisten gegen die Kirchen an. Er forderte eine Änderung des Verhältnisses des Kommunismus zur Religion. Auch mit einem solchen, auf der Seite der Armen stehenden Bischof konnten und wollten sich die Ideologen in der DDR nicht versöhnen. Sie unterstellten ihm 1974 „alte und neue revisionistische und sozialdemokratische Sozialismusverfälschungen"; besonders getroffen fühlten sie sich offenkundig von Camaras Theorien über einen „demokratischen und pluralistischen Sozialismus". Camara betrachtete jede Ideologie als eine „einseitige Weltsicht". In Wirklichkeit stünde Camara, da er die These des Klassenkampfes ablehne, auf der Seite der bürgerlichen Gesellschaft und Ideologie (*DZPh*, 1974, 119–122).

Hier zeigte sich, daß die Kommunisten niemals bereit waren, Christen einen gleichberechtigten Platz in der Gesellschaft einzuräumen, selbst denen nicht, die ihre Kapitalismuskritik teilten. Der Glaube an Gott genügte als Kriterium für die notwendig erscheinende Ausgrenzung. Noch 1979 wurde jede Theorie von einem „christlichen Sozialismus" als „offen und direkt gegen den Marxismus-Leninismus gerichtet" interpretiert (Geschichte 132). Die maßgeblichen Philosophen waren so verblendet zu behaupten, der christliche Sozialismus „sollte religiös gebundene Bevölkerungskreise in Opposition zur revolutionären Arbeiterbewegung bringen" (*Geschichte*, 133). Die Verlogenheit des Systems zeigte sich darin, daß die Vertreter der Ideologie den Bürgern unablässig einredeten, es gehe für sie nicht um die Entscheidung zwischen Christentum und Marxismus – diese Alternative wurde als „destruktiv" bezeichnet –, sondern um die „positive Losung 'Christentum und Sozialismus'" (*Geschichte*, 139). Wenige Seiten darauf aber sieht derselbe Autor im Atheismus den „Wesenszug der Weltanschauung der Arbeiterklasse"; atheistische Propaganda habe ihren Platz „in der politisch-ideologischen und theoretischen Tätigkeit der Partei" (*Geschichte*, 275).

Erst eine spätere Zeit wird erkennen, welche Bedeutung die bloße Existenz von Christen in einer so konzipierten Gesellschaftsform haben mußte. Konflikte und Benachteiligungen waren vorhersehbar für den, der sich der geforderten „Parteilichkeit" politisch und weltanschaulich widersetzte. Der Dialog zwischen Christen und Marxisten wurde bis etwa 1985 verweigert, bis dahin war sogar dieser Begriff verpönt. Dialog setzte voraus, daß man bereit ist, seine eigene Position anzufragen oder in Frage stellen zu lassen. Die Vertreter der Ideologie waren nur bereit, mit einem Andersdenkenden zu sprechen, wenn dieser beabsichtigte, zum Marxismus-Leninismus zu „konvertieren". Die katholische Kirche hat zu keinem Zeitpunkt bei den Vertretern des Systems der DDR die Bereitschaft zu echtem Dialog erkennen können.

Dabei dürfen jedoch diejenigen Marxisten nicht vergessen werden, die den persönlichen Mut aufbrachten, einen Dialog mit Christen in den Räumen der Kirche zu führen. In den letzten Jahren des Bestehens der DDR gab es Philosophen, die ein hohes Risiko eingingen, Gesprächspartner der Christen waren und auch von Repressalien nicht verschont blieben; doch bildeten diese Persönlichkeiten Ausnahmeerscheinungen. Dialogveranstaltungen dieser Art änderten nichts an den prinzipiellen Aspekten der Doktrin des Leninismus, wie sie in Schul- und Lehrbüchern zum Ausdruck kam.

1.5. *Die Kritik der Kirche gegen die Ausgrenzung der Christen*

Die katholische Kirche hatte sich als eine in allen Ländern präsente Kirche nach leidvollen Erfahrungen eigenen Versagens und auf einem mühsamen Weg zu den Erklärungen des II. Vatikanischen Konzils „durchgerungen“ und sich endlich eindeutig auf die Seite derer gestellt, die Freiheit von jeder Art Zwang forderten, wenn es um religiöse oder weltanschauliche Überzeugungen geht. In der Erklärung über die Religionsfreiheit begründet sie das Recht auf die eigene Gewissensentscheidung mit der Würde der menschlichen Person. In der Theologie dieser Kirche hatte zwei Jahrtausende hindurch Platon hohe Wertschätzung gefunden, der die Auffassung vertrat, daß der Mensch nur im Dialog von Vertretern gegensätzlicher Auffassungen zur gemeinsamen Wahrheitsfindung gelangen könne. Ihr großer Kirchenlehrer Thomas von Aquin ließ in seinen Werken stets zuerst den Andersdenkenden zu Wort kommen. Sie erlebte nun im Marxismus-Leninismus den Anspruch auf ein nicht hinterfragbares geistiges Monopol.

Die Kirche in der DDR wußte, daß sie versuchen mußte, in ihrer Glaubensverkündigung ein Kontrastbild gegenüber der Weltanschauung des Kommunismus abzugeben. So mußte sie als Institution darauf bedacht sein, kritische Einstellungen nicht als Feindseligkeit auszulegen, geistige Unterwerfung als Inhumanität zu entlarven, jede Art von Heuchelei und Bewußtseinsspaltung zu bekämpfen und einen Ort der Offenheit und des Vertrauens zu bieten, an dem das Gesicht mehr galt als die Karteikarte und der Charakter mehr als eine von dieser Gesellschaft anerkannte Leistung. Hiermit waren wesentliche Orientierungen für die pastorale Arbeit gesetzt. Die Realität blieb zwar oft hinter dem Ideal zurück, doch sollte nicht vergessen werden, daß beide Kirchen für zahlreiche Menschen in dieser Zeit eine geistige „Heimat“ gewesen sind.

Die Ausgrenzung der Christen aus der Gesellschaft wurde von den katholischen Bischöfen von Anfang an erkannt. In Ihrem ersten gemeinsamen Hirtenwort erklärten die Oberhirten von Meißen, Görlitz, Magdeburg, Erfurt und Schwerin am 29.7.1950, die Kirche wolle „nicht durch Mittel und Einrichtungen politischer Art" für den Frieden wirken, sie müsse „es vielmehr auf ihre eigene Weise tun". Wer als Vertreter der Kirche und als Christ die Unterschrift unter politische Erklärungen und die Mitgliedschaft in politischen Vereinigungen verweigere, werde als „Friedensgegner, als Kriegsfreund hingestellt" und öffentlich angegriffen; dies sei „unwahr und beleidigend" (*Dok*, 47).

Beeindruckend ist noch heute, mit welcher Entschiedenheit und mit welchem Mut die Oberhirten in der DDR am 11.1.1953 die Erziehung in einer atheistischen Weltanschauung als Menschenrechtsverletzung entlarvt haben: „Mit tiefem Schmerz stellen wir fest: unsere Schule ist religionslos [...] Wir haben nur religionslose Schulen [...] In diesen religionslosen Schulen wird der Materialismus gelehrt: vom materialistischen Geist sind die Lehr- und Lernbücher getragen und durchtränkt. Der Materialismus aber leugnet Gott, leugnet Christus [...] und rühmt sich in dieser Leugnung, preist sie als wissenschaftliches Ergebnis. [...] Glaube niemand, wir seien gesonnen, uns mit diesem Zustand abzufinden! Wir fordern unser Recht und werden darum darauf bestehen" (*Dok*, 58). Wie gespannt fünf Monate vor dem Juli-Aufstand bereits die Atmosphäre in der Bevölkerung gewesen ist, lassen die Bischöfe in ihrem Schreiben deutlich erkennen: „Vieles müssen wir ertragen, weil die Macht gegen uns ist. Oft müssen wir lange warten, weil wir nicht Gewalt gegen Gewalt setzen. Aber unerschüttert bleibt unsere Zuversicht: Gott und Religion werden wieder in unsere Schulen einziehen" (*Dok*, 58). Und an die Eltern gerichtet: Fragt die Kinder, „welche Lehren und Behauptungen ihnen vorgetragen werden, für welche Ideen man sie gewinnen will [...] Keine Angriffe gegen Personen! Nicht um Personen geht es, sondern um die Wahrheit";

die Kinder sollen „sich selber innerlich treu bleiben [...], auch wenn äußere Umstände sie zum schweigenden Anhören anderer Lehren zwingen“ (*Dok*, 58 f.).

Daß die Ideologie über Jahrzehnte hindurch unerschütterlich blieb, unterstreichen die bewegenden Worte von Kardinal Meisner vor 100.000 katholischen Christen am 12.7.1987 in Dresden: Kirche lebt dort, „wo ihr arbeitet, wo ihr zur Schule geht, wo ihr die Freizeit verbringt und wohnt [...]; die Christen in unserem Land möchten ihre Begabungen und Fähigkeiten in unsere Gesellschaft einbringen, ohne dabei einem anderen Stern folgen zu sollen als dem von Bethlehem [...], wir Christen wollen keine Privilegien, sondern nur die Möglichkeit für unseren christlichen Weltdienst“ (*Dok*, 333).

Der Erfurter Bischof Dr. Wanke sagte in einem Interview, befragt als Stellvertretender Vorsitzender der Berliner Bischofskonferenz am 12.9.1989 nach den Gründen der großen Ausreisewelle: Es gebe Gründe, „die mit der gesellschaftlichen Situation hierzulande zusammenhängen: wenn Menschen enttäuscht, verbittert und resigniert sind aufgrund ihrer Erfahrungen im Alltag“. Wenn man den Menschen zuhöre, frage man sich: „Muß das eigentlich so sein? Muß es so sein, daß sich einer in Weltanschauungsfragen zu Äußerungen gedrängt sieht, die nicht mit seiner eigenen inneren Überzeugung übereinstimmen? [...] Ich glaube nicht, daß es Gottes Wille ist, dieses Land nur den Menschen zu überlassen, die Gott nicht kennen“ (*Dok*, 363 f.). Auf die Fragen, was müßte sich in der DDR ändern, damit sich Christen in diese Gesellschaft einbringen könnten, forderte der Bischof u. a. die Anerkennung des grundlegenden Erziehungsrechtes durch die Schule; die Befreiung von „verpflichtenden ideologischen Vorgaben im Bildungs- und Erziehungsprogramm“, da „nicht der Staat der Ersterzieher unserer Kinder (sei), sondern die Eltern“; freie Gewissensentscheidungen im Wehrbereich ohne Diskriminierung in Bildung und Beruf; berufliches Fortkommen nicht auf Grund der Zugehörigkeit zu bestimmten Organisationen, sondern auf Grund der individuellen Befähigung; Aufhebung des Verbots, Kindergärten zu eröffnen (*Dok*, 366).

Es dürfte erkennbar geworden sein, welche Bedeutung die weltanschauliche Struktur des Staates „DDR" besaß. Der „reale Sozialismus" ist nicht nur als politisches und wirtschaftliches System zusammengebrochen, sondern ist nicht zuletzt an seiner geistigen Enge und Kümmerlichkeit erstickt. Die weltanschaulichen Prämissen des Systems ließen eine Integration derer, die ein vom Marxismus-Leninismus abweichendes Denken zu erkennen gaben, nie völlig gelingen. Die Christen, die freimütig ihren Glauben bekannten, wurden schon durch die Konzeption der Ideologie am Rand der Gesellschaft angesiedelt. Wir werden über die Kirchenpolitik der Berliner Bischofskonferenz jetzt noch keine abschließenden Urteile fällen können. Den Bischöfen kommt aber das Verdienst zu, die geistige Situation in der Gesellschaft unter dem Aspekt der Weltanschauung vom Anfang des Bestehens der DDR bis zu ihrem Ende in aller Schärfe erfaßt und dargestellt zu haben. Man hat ihnen den Vorwurf gemacht, sie hätten so gut wie ausschließlich für ihre Gläubigen gesprochen und nicht für die ganze Bevölkerung. Doch dürfen wir nicht vergessen, daß jede Kritik am Marxismus-Leninismus, vor allem an seinem Bildungs- und Erziehungssystem, diesen „Weltanschauungsstaat DDR" im Innersten traf. Formal sprachen die Bischöfe gewiß für ihre Gläubigen, tatsächlich forderten sie damit Rechte ein, die in der Charta der Vereinten Nationen grundgelegt und damit Rechte von Christen wie Nichtchristen sind.

2. Religionskritik – militanter Atheismus

Die Frage, warum der „reale Sozialismus" nicht fähig war, sich vom Panzer seiner Ideologie zu befreien, kann nur beantworten, wer die These von der „Einheit der Weltanschauung" kennt. Sie ist deshalb so bedeutungsvoll, weil sie jedes echte Zusammenwirken oder Bündnis zwischen Christen und Marxisten nicht nur in Europa, sondern auch in Südamerika und in afrikanischen Ländern zum Scheitern gebracht hat.

2.1. *Zur „Einheit" des Marxismus-Leninismus*

Die Vorstellung, daß der Marxismus aus „drei Bestandteilen" erwachse, geht auf Lenin zurück. Er schrieb 1913, die Philosophie des Marxismus sei der Materialismus, der als einzige Philosophie „der Naturwissenschaft treu" bleibe und dem „Aberglauben, der Frömmelei usw. fremd" sei. Wer die verschiedenen Formen des philosophischen Idealismus in Schutz nehme, sei „Feind der Demokratie"; deren Versuche, den Materialismus „zu widerlegen und zu diffamieren", liefen stets auf „eine Verteidigung oder Unterstützung der Religion" hinaus. Der erste Bestandteil der Ideologie umfaßte somit den dialektischen und historischen Materialismus. Der zweite Bereich sollte die „ökonomische Struktur" behandeln; er trug den Oberbegriff „politische Ökonomie". Der dritte Bestandteil sollte die „politischen Einrichtungen" zum Gegenstand haben und erhielt später den Titel „wissenschaftlicher Sozialismus und Kommunismus". Wir dürfen nicht vergessen, daß jeder „Bestandteil" des Marxismus-Leninismus und auch dessen Einzelgebiete zu einer Disziplin in der Ausbildung und zur Fakultät im Hochschulwesen entwickelt worden sind.

Bereits das Konzept Lenins enthält eine Weichenstellung, die für die Menschen, die dieser Ideologie ausgeliefert waren, von verhängnisvoller Bedeutung gewesen ist: Die Gesamtkonstruktion der Weltanschauung ist nicht nur a-religiöser Natur, sondern seinem Wesen nach antireligiös. Zugleich nahm diese Philosophie in Anspruch, wissenschaftlichen Charakter zu besitzen wie jede Naturwissenschaft. Religion wurde somit mit

„Unwissenschaftlichkeit" gleichgesetzt, die Ideologie als „wissenschaftliche Weltanschauung" bezeichnet. Darüber hinaus scheute man nicht davor zurück, den auf Marx, Engels und Lenin gegründeten Atheismus als „wissenschaftlichen Atheismus" auszugeben. Es entstanden Lehrstühle für „Wissenschaftlichen Atheismus" und „Institute für Wissenschaftlichen Atheismus" an den Akademien für Gesellschaftswissenschaften bei den Zentralkomitees der jeweiligen kommunistischen Partei, so in Moskau, in Berlin, in Bratislava und anderswo. In der DDR existierte der Lehrstuhl für Atheismus in Jena nur vorübergehend während der ersten Hälfte der 60er Jahre, während das Atheismusinstitut in Berlin bis zur Wende bestand.

2.2. *Sozialismus mit „menschlichem Antlitz"?*

Die Hoffnung, diese „real existierende" Form des Sozialismus sei reformierbar, erstarb für viele im August 1968 in Prag und begann 1985 mit dem „neuen Denken" Gorbatschows neu zu keimen. Ein Sozialismus mit „menschlichem Antlitz" bedeutete, daß der Monopolanspruch der Weltanschauungen aufgegeben und ein geistiger Pluralismus hätte zugelassen werden müssen. Dieser Prozeß aber wäre gleichbedeutend gewesen mit einer Entideologisierung des Gesellschaftssystems. In kirchlichen Kreisen wurde mitunter diese Hoffnung artikuliert, so etwa im Aktionskreis Halle und in katholischen Studentengemeinden. Das ist verständlich, denn eine andere Erwartung auf Änderung ihrer Verhältnisse besaßen die Menschen nicht. Doch blieb diese Hoffnung klein, da jede Sprengung oder Trennung der „drei Bestandteile" des Marxismus-Leninismus zu Spaltungen, Feindschaften und größten politischen Krisen geführt hätte; so war z. B. die lange Gegnerschaft zwischen der UdSSR und der VR China durch ideologische Meinungsverschiedenheiten ausgelöst worden, denn China glaubte, die Phase des Sozialismus überspringen zu können. Es war nie gelungen, den Moskau-hörigen Marxisten ein Zugeständnis abzuringen. Die Geschlossenheit des weltanschaulichen Systems durfte auch aus echten wissenschaftlichen Motiven heraus niemals angetastet werden. Versuche dieser Art wurden mit Begriffen wie „Diversion“, „Antikommunismus“, Versuch der „ideologischen Zersetzung“ versehen.

So war das von den Staatsbürgerkundelehrern, den Propagandisten, Polit-Offizieren und den Professoren für die verschiedenen Disziplinen in der Sektion Marxismus-Leninismus errichtete geistige Umfeld geschaffen, in welchem sich nicht zuletzt Christen behaupten mußten. Der Christ konnte nicht sagen: „Ich akzeptiere die politische Ökonomie, den historischen Materialismus und den Fachbereich ‚Wissenschaftlicher Kommunismus‘, lehne aber aus Glaubensgründen den dialektischen Materialismus ab.“ Damit war ihm im Normalfall das Studium in den meisten Geisteswissenschaften und die Position eines Schuldirektors, eines Chefarztes oder eines Betriebsleiters verwehrt. Vielleicht ist es aus diesen Gründen niemandem so schwer gefallen wie den Christen, sich ganz als DDR-Bürger zu fühlen. Diskussionen über die Gestaltung des Lebens in der Gesellschaft – die fingen beim Elternaktiv in der Schule an – erstickten bereits im Anfang; die geistigen Grenzpfähle waren unüberwindbar.

2.3. *Die Diskussion über den Sozialismus*

Um die Christen für den Sozialismus Ulbrichts oder Honeckers zu gewinnen, benutzte die SED nicht zuletzt die CDU in der DDR. Über 40 Jahre hinweg wurde von ihr die These vertreten, jeder Christ könne nicht nur, sondern müsse den Sozialismus bejahen. Um die katholischen Christen zu beeinflussen, wurde aber außerdem 1961 die Monatszeitschrift *begegnung. Zeitschrift für Katholiken in Kirche und Gegenwart* gegründet; sie erschien auch noch nach der Wende. In *Heft* 1, 1 ist vom Bekenntnis der katholischen Christen zu der „irdischen Lebensordnung", der DDR, die Rede, dann wird gesagt: „Insofern ist die Entscheidung für die sozialistische Ordnung des Friedens und sozialen Fortschritts gleichzeitig eine Bewährung in der Nachfolge Christi." Dieses Zitat ist Ausdruck des Zieles, welchem diese Publikation – neben manchen anderen aus der CDU – bedingungslos unterworfen war. Diese *Zeitschrift für Katholiken* wurde von der SED gänzlich instrumentalisiert; Hilfe gegenüber den Vertretern des Staates konnte der Christ im Alltag von ihr nicht erwarten. In ihr wurden gerechtfertigt die Mitgliedschaft in der Pionierorganisation wie in der FDJ, die Jugendweihe, die vormilitärische Ausbildung und die gesamte Pädagogik. Grenzen der Unterwerfung schien es nicht zugeben. Ein Dr. R. Krause schrieb darin 1981 (*Heft* 8, 7): „So vereinigt kommunistische Erziehung in sich alle fortschriftlichen Erziehungsideale der Vergangenheit. In ihr kommt das Streben nach Vervollkommnung und Veredlung des Menschen zum Ausdruck." Ein E. Brock äußerte 1987 das Bedauern darüber, „daß es seitens der Kirche noch immer Vorbehalte gegenüber jenen praktizierenden und ihren Glauben bekennenden Katholiken gibt, die sich bewußt in die Dienste der gesellschaftlichen und politischen Alltagsarbeit stellen, sei es im Rahmen einer Partei, der FDJ, der Nationalen Front oder anderer Institutionen und Einrichtungen" (*Heft* 12, 17).

An diesen Beispielen wird deutlich, daß sich der weltanschauliche Konflikt zwischen Staat und katholischer Kirche durch die gesamte Geschichte der DDR hindurchzieht, daß er nicht abgebaut werden konnte und daß die Kirche ihre Vorbehalte gegenüber der Mitwirkung der Christen am Aufbau dieser Gesellschaft unvermindert beibehielt, es stets auch um Glaubensfragen ging. Hier werden sich die Urteile der Historiker scheiden, ob man nun die Standfestigkeit, Unbeugsamkeit und Prinzipientreue der katholischen Kirche loben oder ihre Unbeweglichkeit, übergroße

Vorsicht und die Beibehaltung ihrer Überwinterungsstrategie bis zum 12. Juli 1987 kritisieren soll.

Entscheidend für die katholische Kirche war die theoretische Begründung, wie sie von den Vertretern des Marxismus – bezogen auf die Einrichtungen und die Ziele der Gesellschaft – gegeben wurde. Oft wird übersehen, daß es letztlich in der Ideologie keine Trennung zwischen Sozialismus und Kommunismus gab. Mit jedem dieser Begriffe aber waren entscheidende weltanschauliche Implikationen verbunden, die im Alltag oft kaum Beachtung fanden. Von 1961 bis 1975 sollten in drei Etappen der „Aufbau des Sozialismus", „die Errichtung der sozialistischen Gesellschaft" und die „Gestaltung der entwickelten sozialistischen Gesellschaft" abgeschlossen sein. Der IX. Parteitag im Mai 1976 sollte die Weichen stellen „für den allmählichen Übergang zum Kommunismus". Sozialismus wurde stets als „die erste und niedere Phase des Kommunismus definiert". Hierbei handelte es sich nicht um abstrakte, realitätsferne Differenzierungen; der einzelne spürte im Alltag, in welcher Richtung sich die Gesellschaft bewegte oder bewegt werden sollte. Jeden Abschnitt der gesellschaftlichen Entwicklung entsprachen bestimmte Kriterien, welche die Veränderungen auf ökonomischem, politischem und ideologischem Gebiet kennzeichnen sollten. Hierzu gehörten besonders Veränderungen in den Eigentumsverhältnissen: Enteignung von Bauern, Handwerkern, Abschaffung der privaten Ärzte, Überführung von Kleinbetrieben in Produktionsgenossenschaften o. ä. Kriterien waren auch die ständig vorangetriebene Integration der Länder des Ostblocks, die diplomatische Anerkennung der DDR und ihr Eintritt in die UNO. Besondere Aufmerksamkeit verdiente die Definition des sich jeweils vollziehenden Gesellschaftsprozesses auf geistigem und kulturellem Gebiet.

Zu den Grundaussagen der Ideologie gehörte seit Marx die These, daß im Kommunismus die Religion aussterben werde.

Daß dieser Zustand nicht abgewartet, sondern aktiv befördert werden sollte, wurde mitunter in brutaler Deutlichkeit ausgesprochen: „Die kommunistische Gesellschaft befreit die Menschen ein für alle Mal von der religiösen Weltanschauung“ (*Grundlagen*, 466). Konkret wußte der Christ, daß mit der Annäherung der sozialistischen Gesellschaft an den Kommunismus der Spielraum für Religion und Kirche immer mehr eingeengt würde. Für die katholische Kirche ergab sich daraus die Forderung, daß mit der Entwicklung des Sozialismus und der Annäherung an den Kommunismus der atheistische Charakter der Gesellschaft zunehmen würde. Dieser Form des in der DDR etablierten Sozialismus gehörte daher der Atheismus seinem Wesen nach an.

Theoretiker des Marxismus-Leninismus in Berlin und in Warnemünde fertigten wiederholt Untersuchungen an über den Mitgliederschwund der Kirchen und sahen darin eine Bestätigung des Axioms vom Aussterben der Religion. Diesem „Rest“ von Christen gegenüber konnte sich die Regierung der DDR während der letzten Jahre großzügiger erweisen und Genehmigungen für Kirchenbauten, Anerkennung von Examina in der kirchlichen Ausbildung von Krankenschwestern u. ä. erteilen; mit solcher Art „Gnadenerweisungen“ waren materielle Vorteile, außenpolitische Reputation und zur Schau getragene Überlegenheit verbunden; ihre grundlegende Position, hergeleitet von Lenin, haben die Machthaber bis zum Ende nicht revidiert.

2.4. „Religion muß sterben“

Es wird zu den bleibenden Rätseln der Geschichte gehören, warum Marx, Engels, Lenin und Stalin die Religion mit einem unvergleichbaren Haß bedacht und religiöse Menschen damit der Verfolgung und dem Tod überantwortet haben. War Marx von Machtwillen und Selbstvergottung beherrscht? (G. Czesny)

Wurde der Haß Lenins verursacht durch die Hinrichtung seines Bruders, der sich 1887 am Versuch eines Attentates an Zar Alexander III. beteiligte? War Stalin nicht Zögling eines Priesterseminars gewesen?

Bis etwa 1985 übten die Ideologen keinerlei Zurückhaltung, wenn es darum ging, Religion ausschließlich negativ zu definieren. Fast vier Jahrzehnte lang finden wir in den Lehrbüchern stereotyp wiederkehrende Formulierungen: Religion sei die „konservativste ideologische Form, die es gibt; sie sei phantastische Wiederspiegelung der Wirklichkeit“; „religiöses Bewußtsein ist verkehrtes Bewußtsein“. Für Religion in der angestrebten Gesellschaftsform sei kein Platz. „Religion war und bleibt Opium für das Volk; ein Mittel geistiger Unterjochung der Werktätigen“ (*Grundlagen*, 466). Auch die Ausfälle Lenins gegen die Religion wurden in immer neuen Auflagen gedruckt. Jede religiöse Idee bezeichnete er als „die gefährlichste Abscheulichkeit, die widerlichste Seuche“. Oder: „Jeder Mensch, der sich mit der Erschaffung eines Gottes beschäftigt oder eine solche Erschaffung auch nur duldet, bespeit sich selbst auf die übelste Weise“ (*Brief an Gorki* vom 13./14.11.1913). In der Schrift *Sozialismus und Religion* (1905) heißt es: „Die Religion ist eine Art geistigen Fusels, in dem die Sklaven des Kapitals ihr Menschenantlitz und ihre Ansprüche auf ein halbwegs menschliches Leben ersäufen.“ Lenin behauptet: „Die Gottesidee hat die ‚sozialen Gefühle' stets eingeschläfert und abgestumpft“ (*Brief an Gorki*, zweite Novemberhälfte 1913).

Wie wurden diejenigen Menschen beschrieben, die im Sozialismus noch religiös geblieben waren? Es sind solche, die noch die jahrhundertealten Traditionen pflegen, insbesondere die Riten; Menschen, die mit rückständigen Produktionsformen verbunden sind; schließlich die, welche eine geringfügige Rolle in der Gesellschaft spielen (*Grundlagen*, 466). Die Religion könne auch nie „als gesellschaftliche Kraft [...] in Erscheinung treten"; sie habe keine Zukunft (*Grundlagen*, 465).

Besonders verletzt fühlten sich die Christen in der DDR, wenn sie auf eine Stufe mit asozialen und kriminellen Menschen gestellt wurden. In der Propagandaschrift *Was ist Kommunismus?* (Berlin 1974) stehen Sätze wie diese: „Atheist zu sein bedeutet [...] ein Mensch zu sein, der leidenschaftlich und unversöhnlich gegen alle Formen der Religion kämpft und unerschütterlich die wissenschaftliche, materialistische Erklärung der Natur und des gesellschaftlichen Lebens verficht [...] Der Kommunismus befreit die Menschen von der religiösen Betäubung" (Teil II, 165). „Die Religion verbreitet die Ideologie sklavischen Gehorsams und verkrüppelt den Willen und das Bewußtsein der Gläubigen" (167). „Religiöses Bewußtsein und religiöse Moral unterstützen Kulturlosigkeit und Unwissenheit, Heuchelei und Scheinheiligkeit"; religiöse Feiertage seien „mit Saufereien, Schlägereien und Verletzungen der Arbeitsdisziplin verbunden" (168). Es gab mutige Pfarrer, die diese Sätze ihren Gläubigen in der Predigt zur Kenntnis gaben und die Methoden der atheistischen Propaganda anprangerten.

Diese Versuche, den Atheismus zu verbreiten, spiegeln sich in der Fülle von antireligiöser Literatur wider. Später, aber noch vor der Wende, gab es marxistische Philosophen, die sich in Veranstaltungen der Kirche öffentlich von ihren früher verbreiteten Thesen und Publikationen distanzierten; doch ist bis heute ihre Zahl äußerst gering geblieben.

In den letzten fünf Jahren des Bestehens der DDR gab es Versuche, Religion, Christentum und Kirchen sachgerechter und dialogbereit aus marxistischer Sicht zu beschreiben. Die Vorgänge in der Sowjetunion und die sich zuspitzende Krise in der DDR wird sie dazu ermutigt haben. Leider übten diese ungewohnten Interpretationen keinen Einfluß aus auf das Ministerium, dem Margot Honecker vorstand. Die Erarbeitung neuer

Schulbücher nahm auf Entwicklungen in der Philosophie des eigenen Landes keine Rücksicht, ein großer Pädagogenkongreß ignorierte jedes neue Denken; die Arroganz der Macht nahm nicht wahr, daß das Volk das Ende des Regimes wollte.

Wie hätte sich die katholische Kirche angesichts dieser Situation, welche die Christen an der Basis am stärksten erleiden mußten, seitens ihrer Repräsentanten verhalten sollen? Verstanden die Menschen nicht sehr deutlich, daß die Bischöfe in ihrem Hirtenschreiben Menschenrechte einforderten? Was wäre den christlichen Bürgern im Alltag geschehen, hätten die Bischöfe über die weltanschauliche Konfrontation hinaus auch die politische gesucht? In den zahlreichen Stellungnahmen der Bischöfe gegen die Jugendweihe wird sichtbar, daß die katholische Kirche sich nicht nur gegen die Bedrängung der christlichen Schüler zur Wehr setzte, sondern das gesamte weltanschaulich konzipierte Erziehungssystem ablehnte. (Vgl. die zahlreichen Hirtenworte zu diesem Thema, die pastoralen Anweisungen und die Eingaben an die Regierung in *Dok*) Andererseits wußten die Bischöfe sehr wohl, daß „zur christlichen Erziehung die Hinführung zu verantwortungsbewußter Mitarbeit in der Gesellschaft" gehört. Hier war eines der Grundprobleme der Christen in der DDR berührt. Die Christen suchten ihre Begabungen zum Wohl des *bonum commune* einzubringen, doch man wollte sie nicht. Die Ideologen sahen in ihnen eine potentiell stets anwesende Kraft des Umsturzes, falls sie sich nicht ganz, also auch in ihrer Gesinnung, diesem System anpaßten. Die Christen aber fragten sich immer wieder: Wie weit können wir gehen? Wo liegen die Grenzen, die unser Glaube setzt?

Im Jahr 1974 haben die Bischöfe erstmals und einmalig diese Frage ganz konkret zu beantworten versucht. Sie erklären, der Christ könne nicht mitarbeiten:

> *„- in Stellungen und Tätigkeiten, in denen er zum Kirchenaustritt genötigt wird,*
> *- wo Konsequenzen entstehen, die ihn vom Leben der Kirche und der Gemeinde trennen,*
> *- wo er Auffassungen vertreten muß, die gegen den Glauben und gegen sein Gewissen sind,*
> *- wo eine Tätigkeit verlangt wird, die gegen die Nächstenliebe verstößt und zum Haß gegen andere Menschen führt.*
> *Die Beachtung dieser Grenzen ist nicht leicht.*" (*Dok*, 261)

Gegen diese Positionen eines Christen in der Gesellschaft hätte kein vernünftig denkender Politiker Einwände erheben können und dürfen. Sie wurden aber nie toleriert oder gar akzeptiert. Wie viele Begabungen dadurch der Gesellschaft verloren gingen, wird kaum jemand ermessen können. Andererseits wird in dieser Stellungnahme der Bischöfe ganz deutlich, daß sie die Grenzen für eine Mitarbeit in der Gesellschaft so weit wie nur möglich setzten und die freie Gewissensentscheidung des einzelnen achteten.

2.5. *„Das Christentum muß leben"*

Historische Untersuchungen werden erweisen, daß sich Partei und Regierung besonders getroffen fühlten, wenn die Bischöfe das Recht auf christliche Erziehung einforderten. Besondere Empörung muß – so zeigten es damals die Reaktionen der Staatsvertreter bei Verhandlungen mit der Kirche – in der Partei nach der Verlesung des Hirtenwortes „Zur christlichen Erziehung" vom 17.11.1974 geherrscht haben; führende Ideologen sollen besonders diese Stellungnahme der Kirche als Provokation bezeichnet und Maßnahmen gegen die kirchliche Jugendarbeit gefordert haben. Das Hirtenwort ist die Reaktion der Bischöfe gegen die Verabschiedung des 3. Jugendgesetzes der DDR am

28.1.1974. (Vgl. auch die Stellungnahme vom 18.10.1973 in *Dok*, 254–256.)

Die Bischöfe sprechen hier nicht nur, um Christen, sondern um „die heranwachsende Generation vor Schaden zu bewahren". Sie treten für „Glaubens- und Gewissensfreiheit", für das „Recht auf Bildung", damit also für Menschenrechte überhaupt ein. Nur auf Grund einer „ganzheitlichen Erziehung" könnten junge Menschen „in wahrer Freiheit" heranwachsen; damit würde sich auch „ein tiefes Verantwortungsbewußtsein" herausbilden. Ein „rein materialistisches Menschenverständnis" werde „dem ganzen Menschen nicht gerecht".

Die Bischöfe heben hervor, daß die Eltern das „erste Recht und [...] die überaus schwere Verpflichtung zur Erziehung ihrer Kinder" haben und fügen hinzu: „Auch der Staat darf kein Erziehungsmonopol beanspruchen" (*Dok*, 257). Ausführlich zitieren sie im Folgenden den Artikel 26 der Allgemeinen Erklärung der Menschenrechte, zu denen sich auch die DDR bekannte (*Dok*, 258).

Sie werfen sodann dem Staat vor, die Beanspruchung dieses Monopols habe eine Gefährdung der ganzheitlichen Erziehung zufolge; der Erziehung werde ein „einseitiges Menschenbild zugrunde gelegt". Dann heißt es: „Denn in den Erziehungs- und Lehrplänen – vom Kindergarten bis zur Universität – ist ausschließlich die Weltanschauung des dialektischen Materialismus die Grundlage. Das gesamte Leben soll von dieser Ideologie her geprägt werden. Weltanschauliche Neutralität wird abgelehnt. Entsprechend wird einzig die sozialistische Moral als richtig hingestellt, zu der die Erziehung zum Haß gehört" (*Dok*, 259).

Die Bischöfe wehren sich gegen die massive atheistische Propaganda: „Der christliche Glaube wird als Aberglaube oder als bürgerliche Ideologie verunglimpft, als eine verderbliche Lebensform, die mit Opiumsucht und Alkoholmißbrauch in einem Atem genannt wird [...] Da dialektischer Materialismus und

Gottesglaube unvereinbar sind, soll auf diese Weise die Religion als überlebte Haltung erscheinen, die gesetzmäßig verschwinden muß. Wenn sie nicht von selbst abstirbt, soll mit den Mitteln der Propaganda und auch des Gewissensdruckes nachgeholfen werden, damit der Prozeß beschleunigt wird.“ (*Dok*, 259) Der Hirtenbrief verweist danach auf das Jugendgesetz, worin ausschließlich „von sozialistischer Jugend und sozialistische Persönlichkeit“ als Erziehungszielen gesprochen werde und auf dem Druck, der bei der Meldung zur Jugendweihe ausgeübt werde, „so daß praktisch für eine freie Entscheidung oftmals kein Raum mehr bleibt“; sie fügen hinzu: „Viele Christen geraten durch diese und viele andere Bedrängnisse dauernd in schwere Gewissenskonflikte. Sie fühlen sich als Bürger zweiter Klasse behandelt.“ (*Dok*, 259)

Dieser Hirtenbrief wurde unter der Federführung des Erfurter Bischofs Hugo Aufderbeck geschrieben, der sich von zwei Professoren des Erfurter Theologischen Studiums [Konrad Feiereis und Wilhelm Ernst – die Hrsg.] beraten ließ. War hier die Kirche nicht an die Grenze des Widerstandes gekommen? Welche Partei, welche Institution, welche Gruppe hatte damals – in West und Ost – dem Staat einen solchen Spiegel vorgehalten?

Die Bedeutung dieses Hirtenwortes kann heute nur ermessen, wer sich an die politischen Veränderungen erinnert, welche sich in Europa und in Deutschland ergeben hatten. Konfrontationen zwischen Ost und West wurden mit allen Mitteln vermieden. Die DDR stand auf dem Gipfel ihrer Diplomatie. Am 21.12.1972 ist der Grundlagenvertrag zwischen beiden deutschen Staaten unterzeichnet worden. Im September 1973 wurden beide Staaten in die UNO aufgenommen. Am 2. Mai 1947 eröffneten die „Ständigen Vertretungen“ in Bonn und Ostberlin ihre Tore. Der KSZE-Prozeß sollte am 1.8.1975 zum erfolgreichen Abschluß gebracht werden. In einer Periode, in welcher die Politiker auf Entspannung und Harmonie bedacht waren, scheute die katholische Kirche nicht die Konfrontation, indem sie – so scharf wie damals niemand – den inhumanen Charakter des Systems bloßstellte.

Der politische Kurs der DDR folgte geradezu blind dem weltanschaulichen Prinzip, daß Zeiten der Koexistenz zwischen Staaten begleitet sein müßten von einer Verschärfung des ideologischen Kampfes. Die Folgen bekamen zuerst die eigenen Bürger zu spüren, nicht zuletzt die Christen. Die Kirchen mußten erleben, daß die antireligiöse Erziehung Früchte trug; in dem Jahrzehnt von etwa 1965 bis 1975 vollzog sich der große Exodus von Bürgern der DDR aus den Kirchen. Die Bischöfe wußten, daß die Entchristlichung ihre Wurzeln zuerst im Bildungs- und Erziehungssystem der DDR hatte. Sie suchten Zuflucht bei dem letzten Mittel, welches außer den Kirchen niemand in der DDR besaß: das war die Öffentlichkeit. Dieses Land sollte nicht nur den Kommunisten überlassen bleiben. Um dem entgegenzuwirken, mußten Religion und Christentum am Leben erhalten werden.

3. Sozialistisches oder christliches Menschenbild

Das Menschenbild steht im Zentrum einer jeden Religion, Philosophie oder Weltanschauung. Es liegt jeder Gestaltung der Gesellschaft zugrunde. Auf ihm beruhen die im Staat geltenden Rechte und Pflichten von Bürgern wie Institutionen, aber auch das Wertesystem, zu dem sich alle Bürger in einer Verfassung bekennen.

3.1. Persönlichkeit statt Person

Die Hoffnung, der „real existierende Sozialismus in der DDR" sei reform- und verbesserungsfähig, konnte nur hegen, wer den innersten Kern dieser Weltanschauung, das Menschenbild, ignorierte. Während politisch der Staat DDR in die Völkergemeinschaft aufgenommen wurde und alle Anstrengungen unternahm, von außen gesehen den Forderungen des „Korbes 3“ von Helsinki zu entsprechen, vollzog sich in der Ideologie eine Entwicklung, die nicht nur den christlich-abendländischen Traditionen, sondern denen jeder Form von Humanismus entgegenlief. Sie fand ihren Höhepunkt in der Definition des Menschen als „kommunistischer Persönlichkeit“.

Am Beginn dieses Prozesses stand die klare Absage des Marxismus-Leninismus an eine fast zweitausendjährige Tradition der Philosophie unseres Kulturkreises, die den Menschen als „Person“ definierte. Weil das Verständnis des Menschen als Person letztlich durch das Christentum entfaltet wurde, wollte man sich von diesem Begriff lossagen. In einem der wichtigsten philosophischen Lehrbücher in der DDR heißt es: „Mit dem Aufkommen des Christentums wurde der Begriff „persona“ mit dem Begriff „Gott“ verbunden“; das „Individuum wurde von [...] der Gesellschaft losgelöst betrachtet und ein abstraktes selbstständiges inneres Wesen des Menschen eingeführt, das später als die allgemeine Vernunftnatur, das Vernunftwesen des Menschen bezeichnet wurde.“ Dieses Verständnis des Menschen als Person sei „wissenschaftlich nicht haltbar und politisch reaktionär.“ (*Wö*, 920 a und b)

Die Anweisung, „die Arbeiterklasse zum sozialistischen Bewußtsein zu erziehen“, wird zum ersten Mal vom ZK der SED im Oktober 1951 (7. Tagung) ausgesprochen (*Abriß*, 269). Im Juli 1952 faßte das Politbüro einen Beschluß „über die Verbesserung der Parteiarbeit an den allgemeinbildenden Schulen“; die Schulen sollten demnach „allseitig entwickelte Persönlichkeiten heranbilden“ (*Abriß*, 309 f.). In einem Beschluß vom März 1958 betonte das ZK der SED erstmals in dieser Form „den wissenschaftlich-atheistischen Charakter der marxistisch-leninistischen Weltanschauung“ (*Abriß*, 370).

Im selben Monat beschloß das Politbüro die Verstärkung der „populärwissenschaftlich-atheistischen Propaganda“ durch die Urania und forderte Parteiorganisationen auf, „alle Schüler für die sozialistische Jugendweihe zu gewinnen“ (*Abriß*, 371). Eine Schulkonferenz im April 1958 beschloß, „die sozialistische Erziehung der Jugend zu erhöhen“ (*Abriß*, 373).

Der Begriff „sozialistische Persönlichkeit“ findet sich erstmals in einem Beschluß des ZK der SED vom Januar 1959 (seit April 1955 war Kurt Hager Sekretär): „Wie die gesellschaftliche Praxis bewies, formte die Bewegung ‚Sozialistisch arbeiten, lernen und leben‘ sozialistische Persönlichkeiten.“ Es ist nicht zu übersehen, daß der ideologische Druck nach den Ereignissen im Jahre 1956 in Polen und Ungarn kontinuierlich verstärkt und mit dem genannten Begriff das Ziel für die gesamte Pädagogik auf zwei Jahrzehnte hin festgelegt wurde. Es wird von nun an in Dokumenten, Beschlüssen, Lehrbüchern der Pädagogik, im Familiengesetzbuch, im Jugendgesetz, im Statut der FDJ, in der Elternbeiratsverordnung und anderswo als Schlüsselbegriff für den gesamten Bereich der Bildung benutzt.

Handelte es sich dabei nur um eine Worthülse oder eine nicht ernst gemeinte Floskel? Schon Marx und Engels betrachteten den Menschen primär als ein gesellschaftliches Wesen, dessen Entfaltung determiniert wird durch die ihn umgebenden sozialen, ökonomischen und politischen Verhältnisse. Der Mensch ist für Marx zuerst Gattungswesen. Diese Anthropologie wird im Leninismus konsequent weitergeführt. Er will das Wesen des Menschen wissenschaftlich definieren durch die „Analyse des Charakters seiner Arbeit“ (*Wö*, 241 f.). Hierdurch und auf Grund der Bestimmung des Menschen als Persönlichkeit wird ein funktionales Menschenbild grundgelegt: Staat und Gesellschaft stehen über dem Individuum. Der Mensch wird als Ergebnis oder Produkt gesellschaftlicher Beziehungen verstanden. „Der Mensch ist das höchste Wesen für den Menschen“: diese Aussage von Marx ist integraler Bestandteil dieser Anthropologie. In dieser Sicht wird der Mensch erst zu einer Persönlichkeit im sozialistischen Arbeitsprozeß; letzterer bestimmt, was wesentlich und was unwesentlich für das Leben des Individuums ist. Das Leben des Menschen ist somit nicht nur planbar, der Mensch selbst ist herstellbar: „Die Herausbildung eines neuen Menschen ist nicht nur Folge, sondern zugleich Bedingung des erfolgreichen Aufbaus des Kommunismus.“ (*WK*, 535)

3.2. Das kommunistische Menschenbild

In der Entwicklung der staatlich verordneten Doktrin war noch eine letzte Steigerung vorgesehen: Der IX. Parteitag der SED im Mai 1976 proklamierte die „kommunistische Erziehung“ und die Heranbildung der „kommunistischen Persönlichkeit“ (Programm der SED, Berlin 1976, 48–51). Die Partei war so verblendet, daß sie nur noch „die Annäherung aller Klassen und Schichten auf der Grundlage der marxistisch-leninistischen Weltanschauung“ zulassen wollte (*Abriß*, 658). Sie proklamierte den Übergang zum Kommunismus. Die SED nannte sich „Kampfbund der Kommunisten“. Die Partei wollte den Glauben verbreiten, Inhalt und Formen des Lebens in der DDR hätten sich „qualitativ verändert“; sie setzte den unseligen Beschluß durch, daß die sozialistische Kultur ihren „unverwechselbaren Klassencharakter“ dokumentieren müsse (*Abriß*, 665). Sie bekräftigte ihr Hauptanliegen, „daß die ideologische Arbeit das Herzstück der Partei ist und bleibt“ (*Abriß*, 669). Das gesamte Leben in der Gesellschaft kannte demnach nur ein letztes Ziel: „die Erziehung des Menschen der kommunistischen Gesellschaft“ (*Abriß*, 672).

Im November 1976 wurde Wolf Biermann aus der DDR ausgewiesen. Die Tragik, die darauf mit dem Weggang oder der Ausweisung zahlreicher Schriftsteller und Künstler verbunden war, weckte das Bewußtsein der Menschen auf und hielt es wach bis zum Herbst 1989. Die Ereignisse um die Person Wolf Biermann sind bis heute nie vergessen worden. Man sollte aber auch die nicht vergessen, welche als Christen die Folgen dieser ideologischen Verirrungen in der DDR in ihrem konkreten Leben erfahren mußten. Während Honecker als Staatsmann die Welt bereiste, wurden viele Hoffnungen und Erwartungen seiner andersdenkenden Untertanen zunichte gemacht. Sie begingen scheinbar nur einen einzigen Fehler: Sie widersetzten sich diesem Menschenbild.

3.3. Vom Wert des Menschen und seinen Rechten

Daß das Menschenbild der Staatsdoktrin zu Konflikten führen mußte, wurde schon im Jahre 1974 sichtbar. Nach christlichem Verständnis ist der Mensch Person von Anbeginn seines Daseins. Wert und Würde des Menschen sind unlösbar an seine Personalität gebunden. Für den Christen erscheint mit dem Begriff der sozialistischen oder kommunistischen Persönlichkeit die Unverletzlichkeit, Unwiederholbarkeit und Einmaligkeit nicht mehr begründbar. Dieses Menschenbild verlangte die Unterwerfung des Individuums unter eine kollektive Totalität. Damit wurde ihm das Recht verweigert, in Freiheit über sich selbst zu verfügen und zu bestimmen.

Die Brisanz dieser Diskussion wurde deutlich, als sich immer häufiger Bürger der DDR auf die Präambel der *Allgemeinen Erklärung der Menschenrechte* beriefen. Nachdem beide deutschen Staaten den Vereinten Nationen beigetreten waren, forderten nicht zuletzt die Christen die Einhaltung der Menschenrechte ein.

Von Bedeutung war und bleibt es, daß der Präambel das Menschenbild der christlich-abendländischen Kultur zugrunde liegt. In ihr wird ausdrücklich von der „Würde“ und dem „Wert“ der „menschlichen Person“ gesprochen. Darauf und auf die in ihr genannten „grundlegenden Menschenrechte“ haben sich zahlreiche Bürger berufen, wenn sie Diskriminierungen erfuhren oder das Land verlassen wollten. Die zuerst innerkirchliche Diskussion drang bald in die Öffentlichkeit. Da der Staat diese Einforderung der Menschenrechte nicht anerkennen konnte und bei dem Prinzip der „Gnadenerweise“, bemessen nach der Loyalität gegenüber dem System, blieb, meinte er, die These von den vorgegebenen Rechten sollte der Vorsitzende der CDU, Gerald Götting, gleichsam als der zuständige „Theoretiker“ widerlegen. Dieser scheute sich nicht, in einer Rede vor der Volkskammer, deren Präsident er war, zu behaupten, die Ansicht, wonach vom Glauben her „bestimmte Menschen- und Freiheitsrechte vorgegeben seien“, stamme aus „pseudoreligiösen und pseudotheologischen Argumenten“; für sie gebe es „weder in der Bibel noch in der Geschichte der Kirchen bis in die Neuzeit hinein einen Beleg“ (*Thüringer Tagblatt* vom 26.2.1974).

Das Wertesystem in der DDR sollte allein von der Ideologie der herrschenden Klasse bestimmt werden. Nach deren Verständnis waren Ethik und Moral klassengebunden und einem ständigen historischen Wandel unterworfen. Grundlage für ethische Kriterien war das sogenannte „Leistungsprinzip“: „Jeder nach seinen Fähigkeiten, jedem nach seiner Leistung.“ Doch nicht nur Christen mußten erfahren, daß der Nachweis von Fähigkeiten oft nicht ausreichte, um sich in diese Gesellschaft einbringen zu können. Die Leistung des Bürgers sollte – theoretisch betrachtet – auf ihre „moralischen Qualitäten“ hin bewertet werden. Entscheidend war, ob seine Arbeit, sein Verhalten, sein ganzes Leben dem Kommunismus diente (*Ef*, 435). Anders ausgedrückt: „Höchster Grundsatz der kommunistischen Moral ist die Ergebenheit für die Sache des Kommunismus.“ (*WK*, 545) Der Begriff „kommunistische Moral“ wird von der Ideologie noch vor der Proklamation der „kommunistischen Persönlichkeit“ als Ideal der Pädagogik ausgegeben; die Mitglieder

der Pionierorganisation – das waren so gut wie alle Kinder in der DDR – sollten, so das *Neue Deutschland* vom 24.8.1973, auf dieses Ziel hin erzogen werden.

Welchen Beitrag die Kirchen in ihrer Bildungsarbeit dafür geleistet haben, daß die alternative Welt des Geistes und der Werte, wie sie unseren Kulturkreis prägten, lebendig geblieben sind, wird die Forschung erweisen müssen. Die Bildungshäuser der katholischen Kirche waren überfüllt, wenn Wochenenden für die Jugend, die Studenten und die Akademiker über philosophische und weltanschauliche Themen angeboten wurden.

Besonderes Interesse fanden Themen, die sich mit dem Marxismus-Leninismus auseinandersetzten. Wir sollten nicht vergessen, daß jeder Teilnehmer an einem solchen Wochenende einen polizeilichen Anmeldeschein ausfüllen mußte, der vom Veranstalter, der Kirche, noch in den späten Abendstunden gebündelt bei der zuständigen „Meldestelle der Volkspolizei“ abgegeben werden mußte; nur unter derartigen Schikanen konnte kirchliche Bildungsarbeit durchgeführt werden. Die Staatssicherheit besaß somit die Kontrolle über den Kreis der Teilnehmer, zu welchem nicht nur Christen gehörten.

Diese Bildungsarbeit umfaßte alle Bereiche des geistigen Lebens, der Kultur, der Kunst und der Literatur. Probleme der Pädagogik, der Ethik, der Naturwissenschaft wurden ebenso behandelt wie die der Religion. Die jungen Menschen fanden in diesen Häusern Antworten auf ihre Lebensfragen wie Liebe, Ehe, Beruf, Wehrdienst und vieles andere. Das Zusammengehörigkeitsgefühl der „Andersdenkenden“ wurde gestärkt. Die Bedeutung dieser Bildungsarbeit in der DDR, die von beiden Kirchen geleistet wurde, kann nicht hoch genug eingeschätzt werden.

4. Offene Fragen

4.1. Zur katholischen Kirche

Die eindeutige Ablehnung des Marxismus-Leninismus trug der katholischen Kirche zumindest Respekt, wenn nicht Hochachtung bei Teilen der Bevölkerung ein. Trotzdem bleibt zu fragen, ob sie den Auftrag des Evangeliums, Verantwortung in der Gesellschaft wahrzunehmen, voll erfüllt hat. In ihrer Kritik am Staat und dessen Ideologie dürfte sie bis an die Grenze des Möglichen gegangen sein. Als sie im Hirtenbrief zum Weltfriedenstag 1983 Kritik am Wehrkundeunterricht übte, reagierte die Partei gereizt und außergewöhnlich scharf. Im *Neuen Deutschland* vom 7.1.1983 wird von denen gesprochen, die „in der DDR schon deshalb einen Feind" sehen, „weil hier auf deutschem Boden von Deutschen der Sozialismus aufgebaut" werde. „Daß sie dabei in diesen Tagen den Segen bestimmter Würdenträger in der DDR erhielten, die von Rom aus gelenkt werden, macht die Sache nicht besser, regt zum Nachdenken an [...] auch für einige Würdenträger, die Staatsbürger der DDR sind." An der Verbindung von Hohn („Segen", „Würdenträger"), Ausgrenzung („von Rom aus gelenkt") und Drohung (die Kirche unterstützt den Feind und gehört dem imperialistischen Lager an) wird deutlich, daß sich an dem Verhältnis zwischen Kirche und Staat nie etwas Wesentliches geändert hat; sie war von Anfang an ein Fremdkörper in dieser Gesellschaft.

Die Forschung wird die Frage beantworten müssen, ob Protest gegen die großen Menschenrechtsverletzungen – Aufstand am 17.6.1953, Mauerbau bis hin zum Kriegsrecht in Polen und der Wahlfälschung 1989 – möglich, ja erforderlich gewesen wäre, ebenso, ob Protest durch Eingaben bekundet worden ist. Besonders nach 1985 haben viele Gläubige eine noch stärkere Stellungnahme zu den Vorgängen in der Gesellschaft erwartet.

Ferner ist der Frage nachzugehen, warum die zwischen 1973 und 1975 abgehaltene Pastoralsynode in Dresden nicht größere Nachwirkungen ausübte. Wie nie zuvor beteiligte sich die Basis mit tausenden von Stellungnahmen an der Analyse der Gesellschaft und an der Suche nach Ort und Aufgabe der Kirche in der DDR. Waren es theologische, waren es kirchenpolitische Gründe, daß diese synodalen Elemente in der Kirche nicht beibehalten und ausgebaut wurden, wie es das II. Vatikanische Konzil zuvor gefordert hatte?

4.2. *Zur marxistischen Philosophie*

Es besteht kein Zweifel daran, daß es in der DDR auch Philosophen gab, die sich nicht immer mit der offiziell verbreiteten Ideologie identifizierten. Noch bevor in der Sowjetunion das „neue Denken" eine Chance erhielt, fanden eine Reihe marxistischer Philosophen in der DDR den Mut, Grundbegriffe der Philosophie ganz ungewohnt neu zu definieren (vgl. dazu *DZPh* 1990, 411–421; *Wahrheit*, 98–127; *Sinngestalten*, 174–191). Hatte Marx den Humanismus früherer Jahrhunderte die „Vor-Geschichte" der Menschheit genannt und den Kommunismus als „realen Humanismus" bezeichnet, so suchten diese Philosophen den Begriff des Humanismus neu zu bestimmen. Denen, die nicht Marxisten seien, dürfe humanistische Gesinnung nicht abgesprochen werden. Zum ersten Mal wird „Toleranz" thematisiert, ein Begriff, der zuvor wegen des Absolutheitsanspruches dieser Philosophie tabuisiert gewesen ist. Toleranz bedeute, Humanismus auch in anderen Weltanschauungen und im Christentum anzuerkennen (*DZPh* 1984, 757–761).

Im Jahre 1982 konnte man in einem *Lehrbuch der Pädagogik* noch Sätze wie diese lesen: „Der Hauptgegner der wissenschaftlichen Weltanschauung ist die Religion. Es ist die Aufgabe der Schule, die Schüler zu bewußten Atheisten zu erziehen, die bereit und fähig sind, einen unversöhnlichen Kampf gegen die Religion zu führen. [...] Wichtig ist, daß man den Schülern das Schädliche der religiösen Moral zeigt" (*Erziehung*, 94). Es gehörte daher erheblicher Mut dazu, die These zu vertreten, daß Religionen und ihre Institutionen in der internationalen Öffentlichkeit hohe moralische Autorität besitzen (*DZPh* 1984, 767). In diesem Zusammenhang wird den Christen ethische Einstellung und Einsatz für eine gerechtere Welt bestätigt.

Einzelne Autoren sprechen davon, daß den Christen Toleranz und Respekt entgegengebracht und jede Form von Kulturkampf abgelehnt werden müsse; weder Verletzung der religiösen Gefühle noch administrative Maßnahmen gegen die Religion dürften zugelassen werden. Sozialismus sei nicht gleichbedeutend mit einem atheistischen Staat, der Gläubige und Kirchen unterdrücke (*DZPh* 1985, 879–882; vgl. 875). Aussagen dieser Art waren nicht zuletzt für junge Christen hilfreich, die sich im Staatsbürgerkundeunterricht oder in den obligatorischen Vorlesungen der Fächer des Marxismus-Leninismus mit diesen Argumenten zur Wehr setzen konnten.

Vereinzelt fanden seit 1987 in den Räumen der beiden Kirchen große Dialogveranstaltungen mit marxistischen Philosophen statt, was zuvor als unvorstellbar galt. Die Zahl der Besucher ging in die Hunderte, ein Zeichen dafür, wie sehr die Menschen in der Ideologie die letzte und eigentliche Ursache für die konkreten Lebensumstände in der DDR sahen. Die dort geführten Auseinandersetzungen waren ehrlich, hart und doch menschlich fair. Wer sich als Vertreter dieser Ideologie gesprächsbereit zeigte, sollte dafür nicht den aufgestauten Zorn und Unmut zu spüren bekommen. Die Philosophen konnten sprechen ohne jede Phraseologie, sie stellten sich allen Problemen und unbequemen Fragen wie Atheismus, Toleranz, Stellung und Chancen des Christen in der Gesellschaft, Jugendweihe, kommunistische Erziehung u. a.

Die Forschung müßte noch klären, ob und wann die bis dahin gewohnte Geschlossenheit der Philosophie in der DDR aufgebrochen wurde, ob es Auseinandersetzungen unter den Vertretern dieser Philosophie gab, ob diese Dialogbereitschaft Repressalien nach sich zog, ob es eine Duldung oder gar eine Lenkung von Seiten der Partei gab.

4.3. Zur Ökumene

Die Geschichte der christlichen Kirchen in der DDR darf nicht unter dem Aspekt der Kirchenpolitik von seiten der Bischofskonferenz oder der Landeskirchen geschrieben werden. Kontakte von Kirchenvertretern mit Funktionären des Staates fanden an der Basis nur dann Interesse, wenn damit die Hoffnung auf größeren Freiraum des kirchlichen Lebens verbunden war. Im Alltag schwanden konfessionelle Abgrenzungen immer mehr. Aus der konfessionellen Diaspora der Katholiken war nach etwa 20 Jahren DDR eine säkulare Diaspora für alle Christen geworden. Über Konfessionsgrenzen hinweg schlossen sich die Getauften schon in der Schule zusammen und kannten einander im Betrieb wie im Wohngebiet. Das erste ökumenische Friedensgebet in der DDR wurde nicht von oben her angeordnet, sondern in Erfurt im Dezember 1978 von der Basis eingeführt. Es findet bis heute in der katholischen St. Lorenzkirche statt. Christen aller Konfessionen erduldeten Nachteile, wenn sie ein Kreuz trugen oder den Aufnäher „Schwerter zu Pflugscharen".

Unter den ersten wenigen Mutigen, die am 16.10.1989 – Honecker war noch nicht gestürzt – nach dem Friedensgebet mit Kerzen zu dem riesigen Gebäude der [Erfurter –die Hrsg.] Staatssicherheit zogen und die Lichter dort aufstellten, waren Studenten der Predigerschule wie des Priesterseminars; sie konnte man auch unter den Besetzern der Stasi finden.

Warum die Berliner Bischofskonferenz und die Leitungen des Bundes der Evangelischen Kirchen in der DDR nie einen gemeinsamen Hirtenbrief zu den Problemen in der Gesellschaft verfaßt haben – auch nicht im Herbst 1989 –, sollte die theologische und historische Forschung ergründen.

Zweifellos leistete die *Ökumenische Versammlung in Dresden 1988/1989* einen der wichtigsten Beiträge dafür, daß die Wende kam und unblutig verlief. An ihr nahmen alle christlichen Kirchen und kirchlichen Gemeinschaften in der DDR teil. Aus den Gemeinden und Gruppen kamen Zehntausende von Beiträgen, die nicht zuletzt das Leben des Christen in der DDR und deren notwendige Veränderung zum Thema hatten.

Besonders im dritten Beschluß, „Mehr Gerechtigkeit in der DDR – Unsere Aufgabe, unsere Erwartung“, wurde die damals in der DDR herrschende Atmosphäre deutlich. Ausdrücklich wird der gesellschaftliche Erneuerungsprozeß als notwendig bezeichnet (3). Die Bedrängung durch die ideologische Erziehung, der Zwang zur Mitgliedschaft in den Organisationen, zur Teilnahme an Jugendweihe und Wehrunterricht wird ausdrücklich geschildert. Die gesellschaftliche Position hänge von solcher Art Konformismus und Opportunismus mehr ab als von beruflicher Leistung. Staats- und Parteiführung meinten zu wissen, was notwendig und gut sei, der Bürger erfahre sich als Objekt von Maßnahmen. Es herrsche eine Spannung zwischen den Regierenden und den Regierten, die den inneren Frieden beeinträchtige (6). Wenige seien bereit, für das Gemeinwohl Verantwortung zu übernehmen (7). Es kommen zur Sprache die fehlende Ehrlichkeit und Wahrhaftigkeit im Lande, die Kriminalisierung eigenständig denkender Jugendlicher und die Belastungen der Frauen (8).

Es werden eingefordert die Beachtung der Menschenrechte, Informationen, Meinungsaustausch und Rechtssicherheit, die Trennung von Staats- und Parteifunktionen, freie Wahlen, ein anderes Bildungs- und Erziehungswesen, Freiheit in Kunst und Kultur (10–16). Die Führung der DDR war bis zu diesem Zeitpunkt noch nie von einer derartig großen Gruppe in dieser Schärfe angegriffen worden. Sie mußte sich herausgefordert fühlen. Vor Verabschiedung dieses Beschlusses am 30.4.1989 sandte die Regierung in Person des Staatssekretärs Löffler einen Funktionär, der die Aufgabe hatte, die Beschlußfassung mit allen Mitteln zu verhindern.

Es ist noch zu erforschen, welche gravierenden Drohungen mit dieser Aufforderung verbunden waren. Adressat waren Bischof Hempel und Altbischof Schaffran (Bischof Reinelt war nicht in Dresden). Bischof Hempel, Mitglied der Ökumenischen Versammlung, gab den Teilnehmern exakten Bericht und die Empfehlung, der Erpressung zu widerstehen. Der Beschluß wurde mit wenigen Gegenstimmen verabschiedet. Aus diesen historischen Erfahrungen ergibt sich die Schlußfolgerung, daß das Christentum in den neuen Bundesländern nur Zukunft besitzt in lebendiger und glaubwürdiger Ökumene.

Zusammenfassung

Diese Expertise beschreibt das Verhältnis zwischen katholischer Kirche und dem Staat „DDR“ unter dem Aspekt des Gegensatzes von christlichem Glauben und marxistisch-leninistischer Weltanschauung. Die staatlich verordnete Ideologie suchte das gesamte individuelle und gesellschaftliche Leben zu prägen. Vor allem waren ihr alle Institutionen von Bildung und Erziehung unterworfen. Der Vf. vertritt die These, daß die Auswirkungen der Indoktrination noch über Jahrzehnte hin nicht absehbar sind. Quantitativ war nur ein geringer Teil der Bevölkerung vom Kommunismus überzeugt. Doch ein großer Teil adaptierte partiell verschiedene Inhalte der Ideologie. In der DDR vollzog sich ein andersgearteter Bruch mit der geistig-kulturellen Tradition des christlichen Abendlandes, als er jetzt in den alten Bundesländern im Prozeß der Säkularisierung zutage tritt.

In einem *ersten Hauptteil* der Expertise weist der Vf. nach, daß in der Sicht des Marxismus-Leninismus der politische, wirtschaftliche oder soziale Gegensatz der Systeme stets den Gegensatz der Weltanschauungen einschloß. Die SED wich von den Grundprinzipien ihrer Ideologie niemals ab; ihre Strategie war von ihnen bestimmt und änderte sich während des Bestehens der DDR im Grunde nicht.

Bis 1947 schien es, daß Hoffnungen auf einen demokratischen Staat begründet waren, von da an wurden die Ideen Lenins und Stalins unerbittlich durchgesetzt. Vom Anfang bis zum Ende der DDR bedeutete für die katholische Kirche die Identifizierung von Sozialismus und dialektischem Materialismus ein Hindernis, die sozialistische Gesellschaft zu bejahen und in ihrer gesellschaftlichen Verantwortung zu übernehmen. Der Staat selbst verweigerte jede Art von weltanschaulicher Koexistenz und beanspruchte das Monopol auf Wahrheit. Vf. zeigt auf, daß selbst in den Perioden der Entspannung keine geistigen Freiräume für die eigene Bevölkerung konzediert wurden. Der eindeutig atheistische Charakter der sozialistischen Gesellschaft veranlaßte die katholische Kirche, die Kontakte zu den Vertretern des Staates auf ein Minimum zu begrenzen. Ihr Selbstverständnis war das einer Kirche in der Diaspora, nicht einer Volkskirche. Sie suchte durch die Wahrung ihrer pastoralen und karitativen Tätigkeit diese zweite Diktatur durch „Überwintern“ zu überleben. Den katholischen Christen in der DDR war es unmöglich, eine letzte Identifikation mit diesem „realen Sozialismus“ und dessen geistigen Strukturen herzustellen. Ein religiöser Bürger wurde der philosophischen Richtung des Idealismus zugeordnet, wodurch eine volle Integration in den Staat von vornherein ausgeschlossen war; Idealismus galt als Weltanschauung des Klassenfeindes.

In seinem *zweiten Hauptteil* beschreibt der Vf. die Wurzeln der Religionskritik, wie sie in der DDR geübt und wieder daraus ein militanter Atheismus hergeleitet wurde. Diese Doktrin bot nie Anlaß, einen Sozialismus mit menschlichem Antlitz zu erhoffen. Selbst die Entscheidung für einen „religiösen Sozialismus" war Christen verwehrt und wurde als „Diversion" ausgelegt. Die Strategie des Systems lief darauf hinaus, das Aussterben der Religion aktiv zu befördern. Vf. weist darauf hin, daß die katholischen Bischöfe selbst in der Phase allgemeiner Entspannung im Jahre 1974 einen ungewöhnlich scharfen und kritischen Hirtenbrief gegen das Bildungssystem der DDR verfaßt und Menschenrechte nicht nur für ihre Gläubigen, sondern für alle Bürger eingefordert haben.

Der *dritte Hauptteil* behandelt den Gegensatz zwischen dem christlichen Menschenbild und dem der damals herrschenden Ideologie. Der Marxismus verwarf entschieden das Verständnis des Menschen als Person, damit auch die jedem Individuum vorgegebenen Menschenrechte. Der Bruch mit der christlichen und humanistischen Tradition gipfelte in dem seit 1976 proklamierten Erziehungsziel, die „kommunistische Persönlichkeit" heranbilden, einen neuen Menschen schaffen zu wollen. Vf. zeigt an Beispielen auf, welche Konsequenzen sich für den christlichen Bürger und für das Wertesystem in der Gesellschaft überhaupt ergaben und welche große Bedeutung der kirchlichen Bildungsarbeit zukam.

Der *vierte Hauptteil* benennt offene Fragen, deren Klärung Aufgabe der Forschung sein muß. Dazu zählt die Frage, ob die katholische Kirche Möglichkeiten ihrer Kirchenpolitik wirklich ausgeschöpft hat und worin tatsächlich die Grenzen bestanden. Die Geschichte der Kirchen in der DDR sollte nach Ansicht des Vfs. die konkrete Lebenssituation des Christen in der Gesellschaft in den Vordergrund stellen und nicht Einzelaspekte der Stasi-Verdächtigungen.

Von 1974 an gab es einzelne Vertreter der marxistischen Philosophie, die aus der Starre des Systems ausbrachen und Religion und Christentum, Toleranz und Humanität neu und positiv bewerteten. Es fanden Dialogveranstaltungen in den Räumen der Kirchen statt. Den Hintergründen dieser Öffnung sollte nachgeforscht und geklärt werden, ob und welche Auseinandersetzungen bezüglich Religion, Christentum und Kirchenpolitik unter den Philosophen in der DDR stattfanden.

Theologen und Historiker sollten erforschen, aus welchen Gründen die Berliner Bischofskonferenz und die Leitung des Bundes der evangelischen Kirchen in der DDR niemals ein gemeinsames Hirtenwort zu den Fragen und Problemen der Gesellschaft verfaßt haben, im Gegensatz zu den Gepflogenheiten in der Bundesrepublik vor 1989.

Schließlich sollte die Forschung ihre Aufmerksamkeit der Ökumenischen Versammlung 1988/89 in der DDR zuwenden, vor allem ihrer geistigen und politischen Bedeutung für die Herbeiführung der Wende und für deren unblutigen Verlauf. Es gab niemals eine größere Provokation gegenüber der DDR und ihren Machthabern als deren Beschluß „Mehr Gerechtigkeit in der DDR". Drohungen massivster Art suchten die Verabschiedung dieses Beschlusses am 29. und 30.4.1989 zu verhindern; doch war es dafür schon zu spät.

Literatur

Katholische Kirche – Sozialistischer Staat DDR. Dokumente und öffentliche Äußerungen 1945–1990, hrsg. v. Gerhard Lange/Ursula Pruß/Franz Schrader/Siegfried Seifert, Leipzig 1992. Abk.: *Dok.*

Kirchen und Gesellschaft in beiden deutschen Staaten, hrsg. von G. Helwig/D. Urban, Köln 1987. Abk.: Kirchen.

Neues Deutschland. Abk.: *ND.*

Deutsche Zeitschrift für Philosophie. Abk.: *DZPh*.

Zur Geschichte der marxistisch-leninistischen Philosophie in der DDR. Von 1945 bis Anfang der sechziger Jahr, hrsg. von der Akademie für Gesellschaftswissenschaften beim Zentralkomitee der SED, Berlin 1979. Abk.: *Geschichte*.

Grundlagen der marxistisch-leninistischen Philosophie, Berlin 1973. Abk.: *Grundlagen*.

Philosophisches Wörterbuch, hrsg. von Georg Klaus/Manfred Buhr. 2 Bd., Berlin 1974 (10. Aufl.). Abk.: Wö.

Geschichte der Sozialistischen Einheitspartei Deutschlands. Abriß, Berlin 1978. Abk.: *Abriß*.

Wissenschaftlicher Kommunismus. Studiengrundlage für Propagandisten und Teilnehmer des Parteilehrjahres, Berlin 1973. Abk.: *WK*.

Einführung in den dialektischen und historischen Materialismus, im Auftrag des Ministeriums für Volksbildung der DDR hrsg., Berlin 1972. Abk.: *Ef*.

Konrad Feiereis, „Wahrheit – Wissenschaft – Fortschritt. Philosophie in der DDR, betrachtet aus christlicher Sicht", in: *Wahrheit in Einheit und Vielfalt*, hrsg. von Emerich Coreth, Düsseldorf 1987. Abk.: *Wahrheit*.

Konrad Feiereis, „Kirche und Marxismus vor Ort – eine Aufgabe für die christliche Philosophie", in: *Sinngestalten. Metaphysik in der Vielfalt menschlichen Fragens. Festschrift für Emerich Coreth SJ*, hrsg. von Otto Muck SJ, Innsbruck/Wien 1989. Abk.: *Sinngestalten*.

Zur Theorie und Methodik der kommunistischen Erziehung, Berlin 1982. Abk.: *Erziehung*.

Kommission Justitia et Pax der Berliner Bischofskonferenz, *Dresden – Basel – Seoul. Vergleich der Schlußdokumente*, Berlin 1990. *Zitiert nach der Nummer des Textes*.

DEUTSCHE ZEITSCHRIFT FÜR PHILOSOPHIE

5

38. JAHRGANG

1990

AUS DEM INHALT

H. Fritzsche: Dialog und Verständigung

K. Feiereis: Das gemeinsame europäische Haus

M. Artzt u. a.: Zukunft durch Selbstorganisation

© Archiv Thomas Brose

IV. Im Konflikt um den AKH und das eigene Selbstverständnis: Brief vom 11.11.1987

Konrad Feiereis an Kardinal Joachim Meisner[1]

Hochwürdigster Herr Kardinal!

Hiermit erlaube ich mir, Ihnen nach unserem Telefongespräch folgende Überlegungen mitzuteilen:

Nach meinem Urteil ist der AKH [Aktionskreis Halle – die Hrsg.] keine von der Kirche und ihrem kanonischen Recht verbotene Gruppe. Ein Gebot der Bischofskonferenz, einer Einladung des AKH nicht zu folgen, ist mir bis heute nicht bekannt. Auch habe ich bisher von niemandem gehört, daß der AKH in der Nähe einer politischen Partei steht.

Ich wußte, daß es Spannungen zwischen dem AKH und Mitgliedern der Bischofskonferenz gegeben hat. Eine Information vonseiten eines Bischofs oder der Bischofskonferenz über Grund und Art dieser Spannungen ist niemals bis zu mir gelangt.

Der AKH bzw. die – nicht suspendierten – Priester des Sprecherkreises baten mich um ein Referat über den Dialog der Kirche mit dem Marxismus in Budapest. Ich habe diese Einladung angenommen aus mehreren Gründen:

- Warum sollen 150 dort versammelte katholische Akademiker nicht das Recht haben, über das Treffen in Budapest informiert zu werden, zumal in der DDR keine andere Möglichkeit besteht zu erfahren, was dort geschehen ist. Die beiden katholischen Kirchenblätter haben über den Verlauf des Symposiums nicht berichtet, sondern nur, daß es stattgefunden hat. Die evangelische Presse, die darüber z.T. ausführlich

1 Archiv Thomas Brose.

berichtet hat, wird normalerweise von Katholiken nicht abonniert. Eine Drucklegung des Referats seitens des St. Benno-Verlages ist bisher gescheitert und in meinen Augen auch nicht in Sicht. Vonseiten des Staates ist eine Veröffentlichung wohl nicht zu erwarten; auch hat vor zwei Wochen die zuständige Regierungsstelle über mich wieder einmal ein Druckverbot verhängt.
- Meine Ansicht ist es, daß eine unnötige Konfrontation innerhalb unserer Kirche, wie die zwischen AHK und Episkopat, von großem Schaden ist. Ich habe versucht, diese Konfrontation abzubauen und Wege der Verständigung zu suchen. Deshalb gab ich vor meinem Referat vor allen Versammelten eine Erklärung ab und sprach die Bitte aus, Spannungen, die aus früherer Zeit stammen, von denen heute kaum jemand etwas weiß und sie heute schon gar nicht versteht, zu überwinden und die volle Gemeinschaft mit der Kirche zu bewahren.
- Ich bat alle Versammelten, nicht als Gruppe nur in der Kirche, sondern in Einheit mit dem Bistum als Gruppe der Kirche –, keine zersetzende Kritik zu üben, sondern aufbauend kritisch zu sein zum Nutzen unserer Kirche in der DDR, die eine kritische Öffentlichkeit braucht.
Ich war bisher der Ansicht, daß Bischöfe wie Aufderbeck und Hubrich auch wiederholt versucht haben, statt Konfrontation zu suchen und aufrecht zu erhalten, Brücken der Verständigung zu bauen.
Ich bin weiterhin der Ansicht, daß wir uns Konfrontationen dieser Art nicht leisten können, und das habe ich dort entschieden betont.
Meiner Ansicht nach werden Probleme dieser Art durch Ausgrenzung und Ausstoßen am schlechtesten gelöst.

Hochwürdigster Herr Kardinal, Ihre Wortwahl am Telefon, Ihre Vorwürfe, Ihre Vermutung, ich ginge womöglich auch zur BK [Berliner Konferenz – die Hrsg.] alles das hat mich tief verletzt und ich scheue mich nicht, Ihnen gegenüber das auch zu äußern. Ich kann mich auch nicht erinnern, daß seit meiner Kindheit jemand in dieser Form und in diesem Ton mit mir gesprochen hat wie Sie. Ich mußte dem Telefonat entnehmen, daß Sie mich für jemanden halten, der entweder aus Torheit oder mit der Absicht gehandelt habe, der Kirche Schaden zuzufügen. Ich betone, daß ich mir meine Entscheidung reiflich überlegt habe und weiterhin keine Argumente kenne, sie nachträglich als falsch zu beurteilen. Mit meinem Ordinarius, Bischof Huhn, habe ich mehrmals darüber gesprochen. Er äußerte zwar Bedauern dahingehend, mein Besuch beim AKH würde in der Westpresse vielleicht vermerkt und dieser dadurch aufgewertet, fügte aber hinzu, daß er mir die Fahrt nach Halle nicht verbieten könne. Ich glaubte, auch den Eindruck gewonnen zu haben, daß er meine Motive – trotz Meinungsverschiedenheit in dieser Sache – respektierte.

Aus der Schärfe Ihrer Äußerungen, hochwürdigster Herr Kardinal, mußte ich schließen, daß Sie mir nicht zutrauen, die Sache der Kirche und auch ihrer Bischöfe vor dem AKH vertreten zu können. Daraus muß ich auf Mißtrauen auch gegenüber meiner anderen Tätigkeit schließen, sei es in der Priesterausbildung, der Priesterweiterbildung, der Arbeit in Akademiker- und Jugendseelsorge, der Herausgebertätigkeit oder in dem Dialog mit Marxisten. Ich fügte am Telefon hinzu, es stehe Ihnen frei, in diesem Fall den Lehrstuhl für Philosophie anderweitig zu besetzen. Diese Auffassung werde ich nicht ändern; denn Mißtrauen kann nicht Grundlage für eine so wichtige Arbeit sein. Das Mißtrauen, die Kleinkariertheit, die allgegenwärtige Angst, die der Staat ständig zur Schau trägt, habe ich bisher ertragen, weil ich von ihm grundsätzlich nichts anderes erwarte; eine ähnliche Haltung vonseiten meiner Kirche, die ich nach wie vor liebe, wird eines Tages über meine Kräfte gehen.

Im Bedauern darüber, daß ich Ihnen diesen Brief schreiben mußte,

Konrad Feiereis

(Prof. Dr. Konrad Feiereis)

V. Drei Nachrichten von Konrad Feiereis an Thomas Brose[1]

E-Mail vom 14.09.2011

Lieber Herr Brose,

vielmals danke ich Ihnen für unser Telefongespräch wie auch für Ihre letzte liebe Post.

Für mich ist es eine seltene Ehre, dass mir eine Publikation gewidmet wird [Thomas Brose, „Der Berliner Guardini-Lehrstuhl. Im Spannungsfeld von Ost und West", in: *Stimmen der Zeit 1* (2012), 35–44 – die Hrsg.]. Dafür und für Ihre so gute Erwähnung meiner Person danke ich Ihnen vielmals!

[...]

Stets nehme ich teil auch an Ihren persönlichen Lebenswegen!

Gott behüte und führe Sie! Ich wünsche von Herzen, dass Ihre vielfältigen Begabungen nutzbar werden für unsere jetzige Situation!

Dank Ihnen für alles, was Sie in den letzten 20 Jahren für unsere Kirche im Osten besonders durch Publikationen getan haben! Ich hätte gern – auch für Sie – mehr bewirkt, aber auch in Erfurt geht die Zeit über die übrig gebliebenen Emeriti hinweg. Wir sind ja nicht mehr viele.

Ich grüße Sie und wünsche Ihnen alles Liebe und Gute!

Ihr Konrad Feiereis

---

1 Archiv Thomas Brose.

E-Mail vom 17.11.2011

Lieber Herr Brose,

leider habe ich Sie an Albertus-Magnus nicht angetroffen. Aber mit Freude habe ich Ihre liebe Post erhalten, für die ich mich vielmals bedanke, ebenso für den Brief zuvor! Ich habe mich sehr gefreut!

[...]

Mit Bewunderung nehme ich wiederum wahr, wie produktiv Sie im Publizieren sind! Mich interessierte sehr Ihr Vergleich zwischen Hamann und Schleiermacher. In der Gegenwart gibt es ja wohl kaum noch Arbeiten über Hamann, soweit ich das sehe, die Arbeit von Schnur ausgenommen. Deren Beziehung zur „Religion“ sollte uns auch heute noch nachdenklich machen und uns in unserer Situation helfen!

Mit großer Freude lese ich Ihren Beitrag in „Christ und Welt“ [„Bürger im Termitenstaat. Karl Rahner. Ein jesuitischer Theologe in der Kritik“, in: *Christ und Welt* 33/2011, 5 – die Hrsg.]. Ich war einmal bei einem Kongress in Rom und habe erlebt, wie italienische Theologen an Rahner kein gutes Haar gelassen haben. Ich war entsetzt und bin es leider noch heute, wenn ich die Ablehnung durch die Traditionalisten erfahre. Ich gebe Ihnen völlig recht. Danke Ihnen, dass Sie Rahner neu vor Augen stellen und auch S. Hübner [Siegfried Hübner, 1976 bis 1988 Dozent für Dogmatik und Ökumenische Theologie am Philosophisch-Theologischen Studium Erfurt – die Hrsg.] erwähnen. Würden Sie ihm diesen Artikel schicken? Er würde sich sehr freuen!

De Bruyn habe ich stets gern gelesen und ihn in meinen Vorträgen erwähnt. Manches wusste ich nicht, wie etwa seine eigene Kritik an dem „Hohlweg“ oder seine Beziehungen und Zerwürfnisse mit Harich.

Sie, lieber Herr Brose, sind ein Theologe, der in wohltuender Weise eine Allgemeinbildung und eine „Weite des Geistes“ besitzt, die wir heute bei vielen maßgebenden Persönlichkeiten der Kirche leider nicht mehr antreffen! Wie nötig wäre das!

Dank dafür und weiterhin viel Mut und Kraft
wünscht Ihnen von Herzen
Ihr Konrad Feiereis

E-Mail vom 08.04.2012

Lieber Herr Brose,

Dank für Ihre lieben Zeilen und guten Wünsche! Ich denke am Ostersonntag gern an Sie und Ihre Anliegen im Gebet!

Z. Zt. ist meine Schwester [M. Christhild Feiereis – die Hrsg.] – aus dem Kloster von Nesselwang kommend – bei mir. Wir haben in Erfurt mit Freunden gestern ihren 90. Geburtstag gefeiert. Gestern sprach mich auch Herr Peters [Eckehard Peters, 1992 bis 2010 Ausländerbeauftragter des Landes Thüringen – die Hrsg.] an, auch einer meiner sympathischen Hörer aus früheren Zeiten. Er berichtete kurz davon, dass Sie sich begegnet sind. Wir treffen uns demnächst, er wird Näheres erzählen.

Ich bin Ihnen sehr dankbar, wenn Sie mir weiterhin von Ihren Projekten und Ihrem persönlichen Ergehen berichten würden.
In herzlicher Verbundenheit
Ihr Konrad Feiereis